MANUAL DE UMBANDA PARA INICIANTES

Diamantino Fernandes Trindade
(HANAMATAN RAMAYANE)

contato@sattvaeditora.com.br
www.sattvaeditora.com.br

Editora: **Vivian Lerner**

Projeto gráfico, diagramação e capa: **Luiz Zonzini**

Foto da capa: **Vivian Lerner**

Manual de Umbanda Para Iniciantes
Copyright © 2017 • Sattva Editora

Todos os direitos reservados

Nenhuma parte desta obra pode ser reproduzida sem a autorização expressa da editora

---

Trindade, Diamantino Fernandes
 Manual de Umbanda para iniciantes / Diamantino Fernandes Trindade. - - São Paulo : Sattva Editora, 2017.

 ISBN 978-85-67977-08-9

1.Umbanda 2. Religião 3. Religião brasileira 4. Religião afro-brasileira I. Título.

CDD - 299.6

MANUAL DE UMBANDA PARA INICIANTES

Diamantino Fernandes Trindade
(HANAMATAN RAMAYANE)

2017

SUMÁRIO

Introdução 9

A Senhora das mil faces....................................... 11

Religião e espiritualidade..................................13

Os Orixás...17

Lendas yorùbá sobre os Orixás 23

Sincretismo religioso 37

Origens da palavra "Umbanda"...................... 43

Aspectos da implantação da Umbanda no Brasil 46

Origens do ritual umbandista 48

Correlação entre os Orixás 51

As sete linhas da Umbanda 54

As entidades espirituais na Umbanda..........60

Exu e a Kimbanda.. 63

Vibratórias espirituais 73

Pontos cantados...77

A grafia sagrada da Umbanda 88

Manutenção da mediunidade........................... 89

Ritual para abertura e encerramento de uma gira 91

Procedimento do corpo mediúnico no terreiro........97

Saudações aos Orixás e às entidades 98

Oferendas (ebós) aos Orixás............................. 99

Banhos ritualísticos, de descarga, proteção e atração 110

Defumações 119

O uso da pólvora...122

Desagregação de cargas negativas em residências 124

O uso ritualístico das velas 126

O uso do tabaco 129

O uso das bebidas (curiadores) 130

O uso das guias ritualísticas 131

O uso dos ponteiros 133

O uso da pemba – Pó de pemba 133

O uso da toalha ritualística 135

Mirongas 135

O que fazer com um despacho em sua porta 145

Orações 146

Hino da Umbanda 162

Datas comemorativas da Umbanda 164

Juramento do umbandista 165

A semana santa e o dia de finados 166

Guias amarrados e briga de Orixás 168

Aparelhos umbandistas... Alerta! 170

Referências bibliográficas e sitográficas 172

Sobre o autor 174

Afirmação De Luz

A Verdade é meu Escudo de Proteção. Honro e permaneço no meu Caminho Sagrado, sem me importar com o que pensam a respeito da minha Verdade, que também é Sagrada. Afasto-me daqueles que deixaram de honrar o Caminho Sagrado e me aproximo daqueles que se manifestam na Terra com sinceridade, integridade e boas intenções.

Tania Resende

INTRODUÇÃO

Muito se tem falado nas origens da Umbanda, havendo diversas correntes de pensamento, cada uma interpretando o assunto da maneira que mais fala à sua alma. Não se pode dizer quem está certo ou errado, pois todos, de algum modo, estão corretos. A Umbanda, seja qual for a denominação aplicada – popular, esotérica, carismática, omoloko etc. –, é simplesmente a Umbanda, com ritualísticas diferentes.

A essência da espiritualidade pode estar travestida de diversas maneiras; o importante para o Plano Astral é que sejam atingidos os objetivos de determinada comunidade e, pouco a pouco, de maneira simples e não contundente, sejam descortinados os véus da Senhora da Luz Velada, para que, por meio do esforço, do amor e da dedicação, a percepção do sagrado possa ser desenvolvida , dentro e fora do indivíduo, e ele se torne um ser mais consciente de si mesmo.

Como diz mestre Itaoman: "Não existe, para o momento atual, verdade absoluta pois até mesmo um relógio parado está certo duas vezes ao dia".

Serão apresentados, ao longo desta obra, alguns conceitos teóricos fundamentais sobre os Orixás, as Sete Linhas da Umbanda, o sincretismo religioso, a implantação da Umbanda no Brasil, a mediunidade, as origens do vocábulo "Umbanda" e as entidades espirituais que se manifestam no terreiro. Além disso, serão explicadas algumas práticas do cotidiano dos terreiros, bem como alguns procedimentos dos médiuns umbandistas, tais como: o comportamento da corrente mediúnica, os rituais, a saudação aos Orixás e às entidades espirituais, os banhos ritualísticos, as defumações e os descarregos e o uso de velas, tabaco, curiadores, guias, ponteiros, pemba e toalha ritualística. Para finalizar, haverá uma série de importantes orações e trabalhos que o médium pode realizar em seu dia a dia, com o intuito de obter proteção para seu lar, seus familiares e amigos. Principalmente para os iniciantes, é apresentado o Hino da Umbanda, bem como as datas comemorativas e o juramento do umbandista. Também não foram esquecidos alguns temas polêmicos do cotidiano dos terreiros, como: guias amarrados, briga de Orixás, a atuação de Exu, a semana santa e o dia de finados.

O mais importante na vida de um médium de Umbanda é a caridade, o resto é mero adereço. Todos têm a obrigação de voltar para o outro lado da vida melhor do que entraram. Para isso, é necessário extirpar a inveja, o orgulho e a vaidade, sentimentos que corroem um terreiro. Se seu pai espiritual é escravo da vaidade e utiliza o terreiro para fins espúrios, fuja dele. Existem milhares de terreiros e, com certeza, haverá algum com o qual você não irá se decepcionar. Nunca ataque. Defenda-se, pois no Astral a lei é inexorável e não há liminares, *habeas corpus* e apelações. Então, pense antes de fazer o mal. Nunca esconda suas faltas atrás da capa de uma entidade espiritual.

Deseja-se que este *Manual de Umbanda Para Iniciantes* possa ser útil, a fim de trazer um pouco mais de esclarecimento quanto ao cotidiano da querida Umbanda.

Saravá!

UMBANDA: A SENHORA DAS MIL FACES

Escrever sobre a Umbanda não é tarefa para leigos, repórteres ou curiosos. Estes, por falta de percepção, sensibilidade ou de conhecimento vêm a Umbanda como um emaranhado de práticas oriundas das mais diversas religiões. Jamais pararam para se perguntar por que um culto, por eles mesmos tratado como fetichista, pode atrair milhões de pessoas. Diriam até que seria pelo aspecto etnocultural das mais diversas classes socioculturais. Que mistério há por trás desses ritos que consideram confusos e destituídos de bom senso? Por que tantos a atacam? É preciso conhecer seus aspectos fenomênicos, magísticos, mediúnicos, ritualísticos, doutrinários e filosóficos, nas suas causas. É preciso também que se tenha vivência do dia-a-dia de seus terreiros e templos. Raros, raríssimos são os que têm essa experiência. Embora a Umbanda se abra num leque de mil cores, muitos se interessam apenas pela que têm afinidade, certos de que é a melhor. Outros pretendem impor um determinado ritual porque é aquele que lhes traz mais benefícios.

Quem quiser, apenas de longe, saber o que a **Senhora das Mil Faces** representa para o povo brasileiro, basta ver o que acontece nas praias na passagem do ano. Lá encontram-se ricos, pobres, brancos, negros, mestiços, todos juntos acendendo suas velas e ofertando flores a Yemanjá, pedindo que o ano lhes seja propício. Esta manifestação colossal é peculiar, é própria da fé ou da mística umbandista. Muitos se aproximam da Umbanda, pois pressentem sua força, sua magia, seu poder de transformação. A Umbanda aceita e respeita as necessidades de cada grupo, naquilo que os faz sentirem-se unidos ao Sagrado. Por isso ela parece tão variada em suas manifestações, pois cada unidade-terreiro exprime com fidelidade as necessidades daqueles que ali acorrem. Para muitos, esta maleabilidade é confundida com uma mistura desconexa, mas na verdade apenas traduz, em seus aspectos mais profundos, um motivo: atingir a síntese do conhecimento humano, lembrar a todos que, como Caboclo, Preto Velho e Criança, também somos espíritos eternos e imortais e que cada existência nos serve de aprendizado e aperfeiçoamento para vidas futuras, caminhando rumo à nossa realidade. Esta é a **Umbanda de Todos Nós.**

As tentativas de codificação da Umbanda têm sido infrutíferas, pois esta religião abarca um grande número de consciências de todos os níveis sociais, culturais e intelectuais. Enquanto para alguns os cultos mais tradicionais falam mais alto ao seu grau de consciência, outros se encontram espiritualmente nos ritos esotéricos e iniciáticos umbandistas. A Umbanda é uma só, independente do tipo de terreiro ou culto. O Astral Superior atende a todos que a ela recorrem. Para entender melhor basta lembrarmos das sábias palavras do Caboclo das Sete Encruzilhadas:

A Umbanda é a manifestação do espírito para a caridade; da mesma forma como Maria ampara nos braços o filho querido, também serão amparados os que dela se socorrerem.

RELIGIÃO E ESPIRITUALIDADE

Tarsila Costa de Oliveira[1]

Para entender melhor os conceitos e diferenciar religião de espiritualidade, de forma simples, pode-se dizer que a religião surge como um meio para alcançar a espiritualidade; já a espiritualidade é a busca por compreender o sentido da vida, da transcendência, aquilo que de fato se é.

Sempre que se fala em religião, remete-se à etimologia popular, a qual atribui a origem da palavra latina *"religare"* à religião, religando o homem a Deus. Embora, para muitos estudiosos, essa etimologia seja falsa, esse é o primeiro degrau de consciência, quando se começa a estudar religião. Esse sincretismo popular traz sentido para muitos que entram nas religiões na busca por espiritualidade.

Então, qual seria a etimologia correta de religião? Do latim *"religio"*, significa reverência, respeito. A palavra deriva de *"relegere"*, em que o termo *"re"* significa reiteração, ou seja, "de novo", e está associado ao verbo *"legere"*, "ler", formando o sentido de "tomar com atenção". Dessa forma, pode-se dizer que uma pessoa vive a religião quando cuida rigorosamente de algo que deve ser cultuado.

Perceba que, para um ser tornar-se mais espiritualizado que outro, ele não precisa ser de uma religião específica, pois a religião é apenas uma das inúmeras possibilidades existentes na busca pelo sagrado.

A Umbanda está fundamentada em quatro pilares: religião, ciência, filosofia e arte; são esses quatro pilares que conferem equilíbrio ao ser para seguir no caminho da espiritualidade.

- **Religião**

Pode-se dizer que é a porta de entrada para o contato com o universo espiritual. Por meio de sua liturgia, os consulentes e médiuns passam a

---

1 Sacerdotisa da Tenda de Umbanda da Estrela Lilás (Tuel) – Cabana de Pai Benguela.

ter contato de forma mais *objetiva* com o mundo espiritual. Vejam que se diz mundo espiritual e não espiritualidade, pois a espiritualidade é algo que desperta de dentro para fora. Dessa forma, a liturgia, por meio de seu condicionamento, ajudará nesse despertar.

- **Ciência**

Ainda de forma *objetiva*, traz o conhecimento necessário para se viver, na matéria, em harmonia com o mundo espiritual. Busca a realidade e os aspectos extrafísicos, ou seja, aquilo que vai além deste mundo convencional.

- **Filosofia**

Através do aspecto filosófico, começa-se a ter consciência do modo como se deve viver. Não é possível adentrar nesse aspecto sem ter a religião e a ciência presentes e claras. A filosofia transcende aquilo que é lógico e exato e passa a tratar os aspectos mais *subjetivos*, que variam de acordo com cada ser, pois as necessidades são diferentes para cada um. Quando se adentra na doutrina filosófica, começam a ser feitas verdadeiras transformações internas, as quais refletem significativamente na forma como se age. Passa-se a respeitar as pessoas como elas são, pois pela compreensão é possível entender que cada ser tem um grau de consciência.

- **Arte**

Este pilar integra-se aos outros três e, assim como a filosofia, trata também dos aspectos *subjetivos*. A arte busca despertar o sentir. Na liturgia religiosa, por exemplo, a arte é expressa por pontos cantados, sons emitidos pelas entidades, pembas riscadas etc. Cada forma é capaz de tocar e trazer um significado diferente para os inúmeros seres.

Abstraindo a religião em si, pode-se perceber que existem diversos seres que se desenvolvem e cuidam de sua espiritualidade constantemente, sem estarem ligados a alguma religião. O mundo é amplo e existem diversos caminhos que podem ser percorridos. Na antroposofia, pode-se dizer que

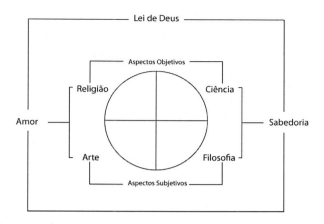

a arte, por exemplo, é o veículo mais intenso que liga o homem à espiritualidade, pois, por meio da arte, o ser humano entra em contato com sua própria essência e, por intermédio de sua sensibilidade, tenta expressar esse seu sentir. Então, pergunta-se: "Quer dizer que se eu não tiver religião, não praticar nada, ainda assim eu posso ser espiritualizado?". Sim, isso varia para cada ser. Costuma-se dizer que, na maioria das vezes, quanto mais religioso um ser se diz, mais longe da espiritualidade ele se encontra.

Em linhas gerais, entender a espiritualidade, muitas vezes, torna-se difícil, pois para a maioria é muito difícil abstrair além daquilo que os olhos podem enxergar.

Se a religião for realmente apenas o meio, a liberdade, o prazer, a harmonia, a felicidade e a plenitude são alcançados; porém, se a religião estiver em desarmonia, ela pode escravizar, cegar o ser humano e distanciá-lo ainda mais do caminho do mundo espiritual. O que se tem visto, ao longo dos anos, é que essa desarmonia é o reflexo de dirigentes religiosos despreparados para seguir o sacerdócio, interferindo diretamente no caminho espiritual de seus discípulos. Sempre que buscar por mestres, sacerdotes e líderes espirituais reflita se está aprendendo e conseguindo evoluir, pois o verdadeiro mestre liberta, não escraviza. A espiritualidade permite compreender que a vida maior não é esta na Terra, mas a grande vida do outro lado.

Em algum momento da vida, quando a matéria não mais satisfizer por completo, será iniciada uma busca, a qual, na maioria das vezes, faz-se inconscientemente, tentando preencher um vazio que nem se sabe por que existe. Os seres espirituais iniciam sua procura e tentam buscar as repostas para as perguntas que, desde que o mundo é mundo, são feitas: "Quem sou?", "De onde vim?", "Para onde vou?".

Consegue perceber que não é a frequência em uma liturgia religiosa ou outra que gabaritará um indivíduo a ser mais ou menos espiritualizado?

Diante disso tudo, o que diferencia um ser por querer caminhar mais rápido que o outro é sua capacidade biopsicossocial, que é movida basicamente por sua "intenção". Assim, quanto maior a consciência menos tempo ele quer perder e procura desenvolver-se intensamente, pois sente que o tempo na Terra é curto e precisa ser bem aproveitado.

Por isso não julgue o próximo pela religião que ele optou por seguir, pois agora consegue compreender que ele não é a religião, e sim um ser que está buscando o melhor caminho para seguir rumo à sua própria evolução espiritual.

OS ORIXÁS

O pesquisador S. O. Biobaku diz que o termo "yorùbá" aplica-se a um grupo linguístico que abrange milhões de pessoas. Além da linguagem comum, os yorùbá estão unidos por uma mesma cultura e tradições de sua origem comum, na cidade de Ifé.

Pierre Verger cita que não existe, em todo o território yorùbá, um panteão de Orixás bem hierarquizado, único e idêntico. As variações locais mostram que determinados Orixás, os quais ocupam uma posição dominante em algumas localidades, estão totalmente ausentes em outras. Em Oyó, Xangô é o mais cultuado. Esse mesmo culto não existe em Ifé, onde uma divindade local, Oramfé, ocupa esse lugar com o poder do trovão. O culto de Oxum é bastante acentuado na região de Ijexá, porém não existe na região de Egbá, onde Yemanjá é soberana. A mesma Yemanjá não é conhecida em Ijexá. A posição de todos esses Orixás depende da história da localidade onde aparecem como protetores. Xangô era, em vida, o terceiro rei de Oyó. Odudua, fundador da cidade de Ifé, cujos filhos tornaram-se reis de outras cidades yorùbá, conservou um aspecto mais histórico e até mesmo mais político do que divino.

A posição ocupada na organização social pelo Orixá pode ser bem diferente, quando se trata de uma cidade onde se ergue um palácio real, àáfin, ocupado por um rei, aladé, com direito a usar uma coroa, adé, com franjas de pérolas, ou onde existe um palácio, ilé Olójà, a casa do senhor do mercado de uma cidade, cujo chefe é um Balé que só tem direito a uma coroa mais modesta, denominada àkòró. Nessas duas situações, o Orixá participa no reforço do poder do rei ou do chefe.

O culto yorùbá dos Orixás está associado a um conceito familiar, ou seja, a uma família numerosa, oriunda de um mesmo antepassado, que engloba os vivos e os mortos. O Orixá seria, *a priori*, um ancestral com características divinas, o qual, em vida, estabeleceu vínculos que lhe garantiram uma ascendência sobre determinadas forças da natureza, como o trovão, o vento, as águas, ou, ainda, assegurando-lhe a possibilidade de exercer certas atividades, como a caça e a metalurgia, ou, ainda, adquirindo o conhecimento das propriedades das plantas e suas aplicações. Quanto ao poder, axé, do ancestral, o Orixá teria, após sua morte, a prerrogativa de encarnar temporariamente em um de seus descendentes, durante um fenômeno de possessão por ele provocada.

A transição da vida terrena para a condição de Orixá dessas divindades, detentoras de um poderoso axé, ocorre em geral em um momento de paixão, cujas lendas conservaram a lembrança. O Orixá é uma força pura, axé imaterial que só se torna perceptível aos seres humanos ao incorporar em um de seus descendentes, escolhido pelo Orixá, e que é denominado elégùn, aquele que possui a prerrogativa de ser "montado" por ele. Esse é o veículo que possibilita a volta do Orixá para a Terra a fim de saudar e receber as homenagens de seus descendentes que o evocaram.

O povo yorùbá possui uma mitologia complexa, com a divinização dos elementos e fenômenos naturais. Assim, a concepção mais religiosa é a divinização do Firmamento.

Nina Rodrigues[2] assim se pronuncia:

Do consórcio de Obatalá, o Céu, com Odudua, a terra, nasceram dois filhos: Aganju e Yemanjá (Aganju, a terra firme, e Yemanjá, as águas). Desposando seu irmão Aganju, Yemanjá deu à luz Orungan, o ar, as alturas, o espaço entre o Céu e a terra. Orungan concebe incestuoso amor por sua mãe e, aproveitando a ausência paterna, raptou e violentou-a. Aflita, entregue a violento desespero, Yemanjá desprende-se dos braços do filho e foge alucinada, desprezando as infames propostas de continuação às escondidas daquele amor criminoso. Orungan a persegue, mas, prestes a deitar-lhe a mão, Yemanjá cai morta. Desmesuradamente cresce-lhe o corpo e dos seios monstruosos nascem dois rios, que adiante se reúnem, constituindo uma lagoa. Do ventre enorme que se rompe nasceram:

---

2 *Os africanos no Brasil.*

DADÁ, deusa ou Orixá dos vegetais;

XANGÔ, deus do trovão;

OGUM, deus do ferro e da guerra;

OLOKUM, deus do mar;

OLOCHÁ, deus dos lagos;

OYÁ, deusa do rio Niger;

OXUM, deusa do rio Oxum;

OBÁ, deusa do rio Obá;

OKÔ, Orixá da agricultura;

OXOSSI, deus dos caçadores;

AJÊ-XALAGÉ ou AJÊ-XALUNGÁ, deus da saúde;

XANKPANÃ ou XAPANÃ, deus da varíola;

ORUM, o Sol;

OXU, a Lua.

Dessa forma, caberia a Orungan, o Édipo africano, por seu relacionamento incestuoso com Yemanjá, a paternidade dos demais Orixás e não ao seu pai Aganju. Também, Orungan tenta manter e continuar esse romance, criando assim o primeiro triângulo amoroso da história africana: deuses com paixões humanas.

Essas primeiras observações têm o intuito de mostrar que não existe um culto generalizado aos Orixás, não apenas entre o povo yorùbá, mas na África toda; na verdade, trata-se de um culto local com características bem definidas, em função de fatores sociais e familiares.

A história religiosa da etnia negra no Brasil teve início com a perda dos valores adquiridos em solo africano, em função da impossibilidade de culto aos Orixás na senzala.

Os negros que vieram para o Brasil pertenciam a civilizações diferentes e eram oriundos das mais diversas regiões do continente africano. No entanto, suas religiões, quaisquer que fossem, estavam ligadas a certas formas familiares ou de organização de clãs, a meios biogeográficos especiais, como a floresta tropical ou a savana e a estruturas aldeãs e comunitárias. O tráfico negreiro violou tudo isso e os escravos foram obrigados a adaptar-se a uma sociedade fundamentada no patriarcalismo, no latifúndio e no regime de castas étnicas.

Os compradores de escravos, movidos por interesses mesquinhos e mercantilistas, procuravam comprar aqueles que não pertenciam à mesma nação, separando muitas vezes as mães de seus filhos e marido. Era comum um fazendeiro comprar um lote de escravos minas, juntamente com congos, guinés ou angolas. Essa estratégia tinha por objetivo diminuir o risco de haver uma rebelião ou trama de fugas. Surgiu então a primeira dificuldade da prática de um culto, em função das várias línguas faladas pelos negros de uma mesma senzala.

Roger Bastide cita que não era possível aos yorùbá nem aos daomedanos conservar sua religião familiar, nem aos bantos continuar o culto de seus ancestrais. Então, a solidariedade deixou de acontecer no plano doméstico para tornar-se uma solidariedade puramente étnica. Contudo, os valores religiosos não foram tocados por isso, apenas restringiram seu domínio de aplicação.

A manutenção de parte dos valores religiosos negros, durante o período escravagista, ocorreu em razão da chegada, nos vários lotes de escravos, de adivinhos, médicos-feiticeiros e sacerdotes. Estes, mais ligados aos ritos africanos, souberam, ao longo do tempo, unir de maneira adequada os negros de várias nações e línguas diferentes naquilo que tinham em comum: a crença nos Orixás, Inkices ou Voduns.

Esse foi, sem dúvida, o primeiro sincretismo religioso da etnia negra no Brasil, pois, como já escrito, em sua pátria e especificamente em determinadas regiões, havia um culto particular a determinado Orixá e essa especificidade era impossível de ser revivida em solo brasileiro, pois, na senzala, era necessário cultuar um grupo de Orixás. Esse culto comum, além de ser o primeiro esboço de síntese, era um elo de resistência e solidariedade entre os cativos.

Na África, as divindades eram cultuadas em benefício de toda a comunidade, de criadores ou de camponeses; a elas era pedida a fecundidade dos rebanhos, das mulheres e das colheitas. Como pedir isso no Brasil?

Seria melhor implorar pela esterilidade e a seca, pois boas colheitas implicariam mais trabalho estafante.

As próprias condições impostas pelo branco levavam a outra face do sincretismo com o Orixá, à primeira seleção dos deuses. Enquanto, na África, Ogum era o patrono dos ferreiros ou o protetor das ferramentas agrícolas de ferro, aqui essa função perdia seu sentido, pois eram desses instrumentos que os escravos se utilizavam sol a sol, no trabalho cruel e desumano, além de ser o ferro o material usado nas correntes que os mantinham presos. Assim, Ogum assumiu a função de deus da guerra e da vingança, que os libertaria.

A sobrevivência dos cultos africanos tornou-se possível no sincretismo orixá-santo católico, que inicialmente tinha a intenção de fazer desaparecer as tradições religiosas africanas. Esse intento foi se frustrando com o passar dos anos. A Igreja católica aceitava a escravidão em determinadas condições de barganha: tomava-se o corpo do escravo e, em troca, recebia ele uma alma. Ele seria obrigatoriamente evangelizado, em sua chegada ao Brasil. Simultaneamente, deveria aprender as rezas latinas, receber o batismo, assistir às missas e tomar os demais sacramentos.

Quando a Igreja percebeu que seria impossível eliminar essa profunda religiosidade, passou a estimular o sincretismo com o catolicismo, pois muitos dos costumes negros podiam ser adaptados aos católicos.

Roger Bastide[3] diz:

Para poder subsistir durante todo o período escravagista, os deuses negros foram obrigados a dissimular-se por trás da figura de um santo ou de uma virgem católica. Esse foi o ponto de partida do casamento entre o cristianismo e a religião africana em que, como acontece em todas as uniões, ambas as partes deviam igualmente mudar de forma profunda, para adaptar-se uma à outra.

A Igreja interferiu diretamente nesse processo. Os senhores da fazenda, percebendo que o negro apresentava um rendimento maior quando tinha lazer, passaram a incentivar a organização de festas que, obrigatoriamente,

---

3 *As religiões africanas no Brasil.*

coincidiam com os dias consagrados aos santos padroeiros das famílias dos fazendeiros ou dos santos patronos dos escravos, como São Benedito e Santa Ifigênia, santos negros. Esse sincretismo ocorreu com mais facilidade onde os santos católicos apresentavam correspondência muito próxima com as características dos Orixás, tais como São Jorge viril, a Virgem maternal etc.

Muitas vezes, os senhores da fazenda, por acatarem cegamente as orientações da Igreja, não percebiam que, diante do humilde altar católico no muro da senzala, onde os negros podiam dançar ritualisticamente sem castigos, cultuavam na verdade nos passos de dança, os mitos dos Orixás, Voduns ou Inkices e não a Virgem ou os santos.

Segundo as palavras de Edison Carneiro:[4]

Entre todos os povos negros chegados ao Brasil, talvez com a simples exceção dos malês, eram, sem dúvida, os portadores de uma religião mais elaborada, mais coerente, mais estabilizada. A sua concentração na cidade de Salvador, em grandes números, durante a primeira metade do século passado, deu-lhes a possibilidade de conservar, quase intactas, as suas tradições religiosas. Dessas tradições decorrem os candomblés, atualmente já em franco processo de nacionalização, de adaptação à sociedade brasileira, uma ameaça, por isso mesmo, à pureza africana de culto.

Com o passar do tempo, o culto de nação africana sofreu forte adaptação, até perder suas características para a quase totalidade dos adeptos do Candomblé.

O termo Candomblé significa barracão e não é encontrado na África como culto religioso. Segundo Edison Carneiro, é o lugar em que os negros da Bahia realizam suas festas públicas anuais das seitas africanas. O autor cita ainda que, em menor escala, são utilizados os nomes terreiro, roça e aldeia.

O Candomblé tornou-se, então, o substituto da aldeia africana e, nesses locais, os negros de diferentes nações e regiões reuniam-se para cultuar vários Orixás, em um mesmo barracão.

Foram efetuadas engenhosas adaptações sincréticas pelos negros africanos em solo brasileiro, a fim de preservar suas tradições.

---

4 *Os candomblés da Bahia.*

LENDAS YORÙBÁ SOBRE OS ORIXÁS

As diversas lendas sobre os Orixás são muitas vezes conflitantes, em função da transmissão oral de fatos reais, porém acontecidos em tempos muito distantes, ou fatos permeados de fantasia. Assim, torna-se necessário, ao analisar esses fatos, lembrar a mitologia greco-romana, com a qual as lendas estabelecem algumas vezes similaridade, pois os seres divinos demonstram atitudes e necessidades humanas.

Será feita, neste capítulo, uma abordagem sobre as lendas yorùbá dos Orixás mais cultuados na Umbanda. Para isso, recorreu-se a Pierre Catumbi Verger, que viveu durante dezessete anos em sucessivas viagens, desde 1948, pelos lados ocidentais da África, em terras yorùbá, onde tornou-se babalawô, por volta de 1950, quando recebeu de seu mestre Oluwo o nome Fatumbi.

YEMANJÁ

Sobre Yemanjá já foi escrito anteriormente, citando a lenda da criação, relatada por Nina Rodrigues. Verger[5] cita, em seu livro *Orixás*:

Yemanjá (Yemoja), cujo nome deriva de Yéyé omo ejá (mãe cujos filhos são peixes) é o Orixá da nação Egbá; Yemanjá seria filha de Olóòkum, deus (em Benin) ou deusa (em Ifé) do mar.

Em uma história de Ifé, ela aparece casada pela primeira vez com Orunmilá, senhor das adivinhações, depois com Olofin, rei de Ifé, com o qual teve dez filhos, cujos nomes parecem corresponder a tantos outros Orixás.

Segundo Verger, Yemanjá no novo mundo subdivide-se em sete:

Yemawô, que na África é mulher de Oxalá;

Yamassê, mãe de Xangô;

Ewa (Yewa), rio que na África corre paralelo ao rio Ògùn e que frequentemente é confundido com Yemanjá;

---

5 *Orixás*.

Olossá, a lagoa africana na qual deságuam os rios;

Yemanjá Ogunté, casada com Ogum Alabedé;

Yemanjá Assabá, que manca e fia algodão;

Yemanjá Assessu, muito voluntariosa e respeitada.

OGUM

Adékòyà explica que Ogum é considerado pelos yorùbá sob dois aspectos: como divindade e como herói civilizador, e estes aspectos estão integrados na cultura desse povo, bem como em sua visão de mundo.

Ogum possui privilegiado poder de transformação, que se manifesta em seu trabalho com o ferro e o fogo, bem como detém o poder de articular, em seu panteão, o sistema de crenças, códigos gestuais, práticas e celebrações rituais.

De acordo com Verger, Ogum, como personagem histórico, teria sido o filho mais velho de Odudua, o fundador de Ifé. Era um temível guerreiro que brigava sem cessar contra os reinos vizinhos. Dessas expedições ele trazia sempre um rico espólio e numerosos escravos. Guerreou contra a cidade de Ará e a destruiu. Saqueou e devastou muitos outros estados e apossou-se da cidade de Irê, matando o rei e lá instalando seu próprio filho no trono, regressando glorioso, usando ele mesmo o título de Oniîré. Por razões ignoradas, Ogum nunca teve direito a usar uma coroa (adé), feita com pequenas contas de vidro e ornada por franjas de miçangas, dissimulando o rosto, emblema de realeza para os yorùbá. Foi-lhe autorizado usar apenas um simples diadema, chamado àkòró e isso lhe valeu ser saudado, até hoje, pelos nomes Ogún Oniîré e Ògún Aláàkòró, inclusive no Novo Mundo, tanto no Brasil como em Cuba, pelos descendentes dos yorùbá trazidos para o continente americano.

Ogum teria sido o mais enérgico dos filhos de Odudua e foi ele quem se tornou o regente do reino de Ifé, quando Odudua, já bastante idoso, ficou temporariamente cego.

Ogum decidiu, depois de numerosos anos longe de Irê, voltar para visitar seu filho. Infelizmente, as pessoas da cidade celebravam, no dia de sua chegada, uma cerimônia em que os participantes não podiam falar, sob nenhum pretexto. Ogum tinha fome e sede; viu vários potes de vinho de palma, mas ignorava que estivessem vazios. Ninguém o havia saudado ou respondido às suas perguntas. Ele não era reconhecido no local por ter ficado ausente durante muito tempo. Ogum, cuja paciência era pequena, enfureceu-se com o silêncio geral, considerado por ele ofensivo. Começou, então, a quebrar, com golpes de sabre, os potes e, logo depois, sem poder se conter, passou a cortar a cabeça das pessoas mais próximas, até que seu filho apareceu, oferecendo-lhe suas comidas prediletas, como cães, caramujos, feijão regado com azeite de dendê e vinho de palma. Enquanto ele se alimentava, os habitantes de Irê cantavam louvores e não faltava a menção a Ògúnjajá, derivado da frase Ògun je ajá (Ogum come cão), o que lhe valeu o nome de Ogúnjá. Satisfeito e mais calmo, Ogum lamentou seus atos de violência e disse que já vivera o suficiente. Baixou a ponta de sua espada em direção ao chão e desapareceu pela terra adentro com um barulho assustador.

Ogum é único, mas, em Irê, diz-se que ele é composto de sete partes. "Ogún méjeje lóòde Iré" é uma frase que faz alusão às sete aldeias hoje desaparecidas, que existiriam em volta de Irê. O número sete é pois associado a Ogum e ele é representado, nos lugares que lhe são consagrados, por instrumentos de ferro, em número de sete, catorze ou vinte e um, pendurados em uma haste horizontal, também de ferro: lança, espada, enxada, facão, ponta de flecha e enxó, símbolos de suas atividades.

A vida amorosa de Ogum foi muito agitada. Ele foi o primeiro marido de Oyá, aquela que se tornaria mais tarde esposa de Xangô. Teve também relações amorosas com Oxum, antes que ela fosse viver com Oxóssi e com Xangô; com Obá, a terceira mulher de Xangô; e Eléfunlósunlóri, aquela que pinta sua cabeça com pós branco e vermelho, a mulher de Órìsà Oko. Teve diversas aventuras galantes durante suas guerras, tornando-se assim pai de diversos Orixás, como Oxóssi Oranian.

A importância de Ogum vem do fato de ser ele um dos mais antigos dos deuses yorùbá e também em virtude de sua ligação com os metais e aqueles que os utilizam. Sem sua permissão e sua proteção, nenhum dos trabalhos e nenhuma das atividades úteis e proveitosas seriam possíveis. Ele é, então e sempre, o primeiro e abre o caminho para os outros Orixás.

Entretanto, certos deuses mais antigos que Ogum, ou originários de países vizinhos aos yorùbá, não aceitaram de bom grado essa primazia assumida por ele, o que deu origem a conflitos entre ele, Obaluaiê e Nanã Buruku.

XANGÔ

Historicamente, Xangô teria sido o terceiro rei de Oyó, filho de Oraniam e Torosi, filha de Elemjê, rei dos Tapás. A figura do rei guerreiro confunde-se com a da divindade africana, existindo mesmo quem acredite que Xangô seria a divinização de um grande rei. Xangô foi o grande soberano dos reinos yorùbá.

Para nós, ocidentais, ainda choca a ideia de um homem ter várias esposas. O que poderíamos dizer então de um deus que as tivesse? Todavia, a sociedade africana aceita esses fatos com a maior naturalidade. Xangô, Orixá viril, era esposo de três iabás: Oyá (Inhaçã), Oxum e Obá que, por ciúmes, viviam a infernizá-lo. Ele tinha especial predileção por Oxum, por ser ela pouco mais que uma menina. Todavia, Oyá, mais temperamental e feminina, era quem mais exigia do rei, tentando monopolizar suas atenções. Dividindo seus cuidados entre a doce e meiga Oxum e a temperamental e voluptuosa Oyá, pouca atenção dedicava a Obá, mulher de agir primeiro e pensar depois, impetuosa, guerreira, mas também tola e ingênua. Cheia de ciúmes, ela procurou saber, justo de Oyá, como fazer para merecer mais atenção e intimidade de Xangô. Este a respeitava e até a louvava como guerreira, mas esquecia-se dela como mulher, o que muito a magoava. A esperta Oyá disse-lhe então que, se quisesse realmente ganhar seu amor, ela deveria cortar uma de suas próprias orelhas e servi-la junto com a refeição a Xangô.

Enquanto Obá preparava o encantamento receitado por Oyá[6], esta, intrigante, avisava Xangô de que Obá lhe preparara uma cilada para que Xangô só tivesse olhos para Obá, depois que provasse da comida encantada. Naturalmente, essa situação tornava a permanência de Xangô no lar um verdadeiro inferno. Por outro lado, ele era intempestivo em suas ações, o que fazia com que o povo mais o temesse do que estimasse. Aborrecido por essas desavenças, Xangô desapareceu no mato e foi dado como morto. Entretanto, sua liderança era inquestionável e seu povo, depois de procurá-lo por toda a parte, aos gritos e desesperados, solicitava sua presença. Foi quando ele apareceu e disse que, como rei e como deus, os governaria do Céu. Perceberam, então, que ele havia partido para o Orum e havia se transformado em Orixá.

---

6 *Outra lenda diz que teria sido Oxum quem receitou o encantamento para Obá.*

O raio fulminante é o castigo de Xangô. Entre os yorùbá, a morte por raio é considerada infame. Assim, a casa que é atingida por um raio é considerada marcada pela cólera de Xangô e o proprietário deve pagar pesadas multas aos sacerdotes desse Orixá.

Xangô é um Orixá muito popular no Brasil e também nas Antilhas. Em algumas regiões do Nordeste brasileiro, seu nome designa um conjunto de cultos denominados Xangôs.

Conforme afirma Pierre Verger, na Bahia, é comum ouvir que existem doze Xangôs: Obá Afonjá, Obalubé, Ogodô, Oba Kossô, Jakutá, Baru, Airá Intilé, Airá Igbonam, Airá Adjaosi, Dada, Aganju e Oranian. Trata-se de uma lista um pouco confusa, pois Dada é irmão de Xangô; Oranian é seu pai; e Aganju é um de seus sucessores.

OYÁ (INHAÇÃ)

Um dia, Obatalá, pai de Xangô, forneceu-lhe um encanto poderoso capaz de torná-lo vitorioso diante de qualquer inimigo. Xangô comeu a maior parte do encanto e o restante deu a Oyá para guardá-lo. Na ausência de Xangô, Oyá comeu parte do que lhe fora confiado. No dia seguinte, ocasião em que estava reunido o conselho de ministros, Xangô tomou a palavra que lhe fora concedida e de sua boca saíam jatos de fogo, o que apavorou os presentes que, por consequência, dispersaram-se logo após. O mesmo aconteceu a Oyá, palestrando com as damas ou mulheres ali reunidas. Xangô, enfurecido, bateu com o pé sobre o solo, que se abriu, dando passagem a ele e às suas mulheres.

Oyá, a quem estava confiada a guarda do encanto, roubara-lhe uma parte, comendo-a, o que fez Xangô se desesperar, decidindo infligir um castigo à esposa.

Ela refugiou-se no palácio de seu irmão Olokun, acompanhando, às ocultas, o declínio do sol. Perseguida pelo deus do trovão, Olokun lhe tomou a defesa e travou intensa luta com o Orixá do raio. Nesse passo, em meio à luta, Oyá refugiou-se na casa de sua irmã Oloxá e, logo depois, vendo que ali não podia ser protegida contra a ira de Xangô, fugiu para a casa do pescador Huissi.

Depois de relatar o ocorrido, pediu a proteção e defesa do pescador, que, por sua vez, expôs-lhe que não possuía meios para defendê-la contra tão poderoso Orixá.

Oyá resolveu, então, dar de comer a Huissi o restante do encanto e, por essa razão, o pescador transformou-se em Orixá e rapidamente saiu ao encontro do lançador de pedras, com quem travou uma luta sem proporções, levando como arma uma única árvore que existia no local e que arrancara pelas raízes.

Xangô usou como arma a canoa de Huissi e, quebradas as armas, terminaram no corpo a corpo. Receoso de ser vencido e não podendo vencer Huissi, porque já sentia fadiga, Xangô bateu o pé no solo, o qual, abrindo-se, ofereceu-lhe abrigo, recebendo-o. Terminada a luta, Oyá retirou-se para Lacôrô, onde o povo ergueu um templo que foi oferecido à Orixá dos ventos e onde passou a ser cultuada.

Verger cita o seguinte:

Oyá Yánsàn é a divindade dos ventos, das tempestades e do rio Níger que, em yorùbá, chama-se Odò Oyá. Foi a primeira mulher de Xangô e tinha um temperamento ardente e impetuoso. Conta uma lenda que Xangô enviou-a em missão à terra dos baribas, a fim de buscar um preparado que, uma vez ingerido, lhe permitiria lançar fogo e chamas pela boca e pelo nariz. Oyá, desobedecendo às instruções do esposo, experimentou esses preparados, tornando-se também capaz de cuspir fogo, para grande desgosto de Xangô, que desejava guardar só para si esse terrível poder.

Antes de se tornar mulher de Xangô, Oyá vivera com Ogum. A aparência do deus do ferro e dos ferreiros causou-lhe menos efeito que a elegância, o garbo e o brilho do deus do trovão. Ela fugiu com Xangô e Ogum, enfurecido, resolveu enfrentar seu rival; mas este último foi à procura de Olódùmarè, o Deus Supremo, para lhe confessar que havia ofendido Ogum. Olúdùmarè interveio e recomendou-lhe que Ogum perdoasse a afronta, mas Ogum não foi sensível a esse apelo. Não se resignou tão calmamente assim, lançou-se à perseguição dos fugitivos e trocou golpes de varas mágicas com Oyá, que foi então dividida em nove partes.

Verger conta mais uma lenda relativa ao ritual do culto de Oyá Inhaçã, em que se utilizam chifres de búfalo.

Ogum foi caçar na floresta. Colocando-se à espreita, percebeu um búfalo que vinha em sua direção. Preparava-se para matá-lo, quando o animal, parando subitamente, retirou a própria pele. Uma linda mulher apareceu diante de seus olhos. Era Oyá-Inhaçã. Ela escondeu a pele em um formigueiro e dirigiu-se ao mercado da cidade vizinha. Ogum apossou-se do despojo, escondendo-o no fundo de um depósito de milho, ao lado de sua casa, indo, em seguida, ao mercado fazer a corte à mulher-búfalo. Ele chegou a pedi-la em casamento, mas Oyá recusou, inicialmente. Entretanto, ela acabou aceitando, quando, de volta à floresta, não mais achou sua pele. Oyá recomendou ao caçador não contar a ninguém que, na realidade, ela era um animal. Viveram bem durante alguns anos. Ela teve nove crianças, o que provocou o ciúme das outras esposas de Ogum. Estas, porém, conseguiram descobrir o segredo da aparição da nova mulher. Logo que o marido se ausentou, elas começaram a cantar: "Máa je, mau mu, àwò re nbe ninú àká"; "Você pode beber e comer (e exibir sua beleza), mas sua pele está no depósito (você é um animal)".

Oyá compreendeu a alusão. Encontrando sua pele, vestiu-se e, voltando à forma de búfalo, matou as mulheres ciumentas. Em seguida, deixou seus chifres com os filhos, dizendo-lhes: "Em caso de necessidade, batei um contra o outro e eu virei imediatamente em vosso socorro".

É por essa razão que chifres de búfalos são sempre colocados nos locais consagrados a Oyá-Inhaçã.

OXÓSSI

Oxóssi era irmão de Ogum e de Exu; todos os três eram filhos de Yemanjá. Exu era indisciplinado e insolente com sua mãe, por isso ela o mandou embora. Os outros dois filhos conduziam-se melhor. Ogum trabalhava no campo e Oxóssi caçava na floresta das vizinhanças, de modo que a casa estava sempre abastecida de produtos agrícolas e de caça. Yemanjá, no entanto, andava inquieta e resolveu consultar um babalawô. Este a aconselhou a proibir que Oxóssi saísse à caça, pois arriscava-se a encontrar Ossain, aquele que detinha o poder das plantas e que vivia nas profundezas da floresta. Oxóssi ficaria exposto a um feitiço de Ossain para obrigá-lo a permanecer em sua companhia. Yemanjá exigiu então que Oxóssi renunciasse às suas atividades de caçador. Ele, porém, de personalidade forte e independente, continuou suas incursões à floresta. Partia com outros caçadores e, como sempre faziam, uma vez chegados junto a uma grande árvore (irókò), separavam-se, prosseguindo isoladamente, voltando a encontrar-se no fim do dia, no mesmo lugar. Certa tarde, Oxóssi não voltou para o reencontro, nem respondeu aos apelos dos outros caçadores. Ele havia encontrado Ossain e este lhe dera para beber uma poção em que foram maceradas certas folhas, como o amúnimúyè, que significa "apossar-se de uma pessoa e de sua inteligência", provocando em Oxóssi amnésia. Ele não sabia mais quem era, nem onde morava. Ficou então vivendo na mata com Ossain, como predissera o babalawô.

Ogum, inquieto com a ausência do irmão, partiu à sua procura, encontrando-o nas profundezas da floresta. Trouxe-o de volta, mas Yemanjá não quis mais receber o filho desobediente. Ogum, revoltado pela intransigência materna, recusou-se a continuar em casa. Oxóssi voltou para a companhia de Ossain; Yemanjá, desesperada por ter perdido seus filhos, transformou-se em um rio, chamado Ògún (não confundir com Ogum, o Orixá).

OXUM

Oxum é a divindade do rio Oxum, que corre na Nigéria, em Ijexá e Ijebu. Segundo a lenda, Oxum era a segunda mulher de Xangô, tendo vivido antes com Ogum, Orunmilá e Oxóssi.

As mulheres que desejam engravidar dirigem-se a Oxum, pois ela controla a fecundidade, graças aos laços mantidos com Iyámi-Àjé. Sobre esse assunto Verger cita a seguinte lenda:

Quando todos os Orixás chegaram à Terra, organizaram reuniões onde as mulheres não eram admitidas. Oxum ficou aborrecida por ser posta de lado e não poder participar de todas as deliberações. Para vingar-se, tornou as mulheres estéreis e impediu que as atividades desenvolvidas pelos deuses chegassem a resultados favoráveis. Desesperados, os Orixás dirigiram-se a Olúdùmarè e explicaram-lhe que as coisas iam mal sobre a Terra, apesar das decisões que tomavam em suas assembleias. Olúdùmarè perguntou se Oxum participava das reuniões e os Orixás responderam que não. Olúdùmarè explicou-lhes então que, sem a presença de Oxum e de seu poder sobre a fecundidade, nenhum de seus empreendimentos poderia dar certo. De volta à Terra, Os Orixás convidaram Oxum para participar de seus trabalhos, o que ela acabou por aceitar depois de muito lhe rogarem. Em seguida, as mulheres tornaram-se fecundas e todos os projetos obtiveram felizes resultados.

Oxum é chamada Ìyálóòde (Ialodê), título conferido à pessoa que ocupa o lugar mais importante entre todas as mulheres da cidade. Além disso, ela é a rainha de todos os rios e exerce seu poder sobre a água doce, sem a qual a vida na Terra seria impossível.

NANÃ BURUQUÊ

Segundo Verger, Nanã é uma divindade muito antiga e é cultuada em uma vasta área africana. Também é conhecida pelos seguintes nomes: Nanã Buruku, Nanã Bukuu, Nanã Brukung ou, ainda, Brukung. Em uma região chamada Ashanti, o termo "nanã" é utilizado para as pessoas idosas e respeitáveis e significa mãe.

O autor cita ainda a existência de diversas divindades com o nome inicial Nanã ou Nenê. Tais divindades recebem o nome Inie e desempenham o papel de Deus Supremo. Em todos seus templos, há um assento sagrado salpicado de vermelho, em forma de Trono Ashanti, reservado à sacerdotisa de Inie, no qual só ela pode tocar.

Todos os iniciados ligados ao templo têm grandes bengalas salpicadas de pó vermelho e, em torno do pescoço, usam trancinhas (cordinhas trançadas) sustentando uma conta verde e achatada.

Várias são as lendas sobre Nanã Buruque. Pierre Verger faz referência a uma pesquisa datada de 1934, redigida por J. C. Guiness, feita na região do Adélé, por meio de um informante do Kotokoli.

Na fronteira dos países Haussa e Zaberima (Djerma), há um rio chamado Kwara (Níger), cujo nome foi emprestado a uma cidade situada às suas margens. Em uma gruta, no fundo do rio, vivia outrora um grande ídolo chamado Brukung e com ele viviam sua mulher, seu filho e um homem chamado Langa, o qual era criado de Brukung. Viviam todos juntos na gruta. Na cidade de Kwara havia um homem chamado Kondo, um ser bom, que era conhecido, mesmo nos locais mais distantes, pelo nome de Kondo Kwara. Tinha o costume de todos os dias colocar oferendas de galos e pito (beberagem) e, algumas vezes, um carneiro nas margens do rio onde Langa ia pegá-los e os levava para a gruta debaixo d'água. Um dia, porém, um grupo de pescadores haussa saiu da Nigéria para pescar no rio, Kwara. Eles roubaram as oferendas e Kondo ficou tão contrariado que foi para Gbafolo, na região Kotokoli, instalando-se com sua família em Dkipileu, a seis ou sete milhas dali. Brukung, por sua vez, foi viver em uma gruta na floresta próxima de Dkipileu. Kondo soube disso e recomeçou a colocar suas oferendas. Langa reapareceu também, trazendo assentos que fizera na gruta de Kwara. Mais tarde, Kondo reencontrou Brukung, porém, pouco tempo depois, uma invasão ashanti obrigou Brukung e os seus a refugiarem-se em Shiari.

Nanã Buruquê é conhecida no novo mundo, tanto no Brasil como em Cuba, como a mãe de Obaluaiê e é considerada a mais antiga das divindades das águas. Sua atuação faz-se sentir sobre as águas dos lagos e lama dos pântanos.

OBALUAIÊ

Obaluaiê é também conhecido como Omulu. Obaluaiê significa Rei Dono da Terra e Omulu filho do Senhor Obaluaiê. Obaluaiê é considerado o deus da varíola e das doenças contagiosas.

Obaluaiê e Nanã Buruquê são frequentemente confundidos, em certos locais da África. Em algumas lendas, fala-se acerca da disputa de Obaluaiê e Nanã Buruquê contra Ogum. Verger considera essa disputa de divindades como o choque de religiões pertencentes a civilizações diferentes, sucessivamente instaladas em um mesmo lugar e datando de períodos respectivamente anteriores e posteriores à Idade do Ferro. Muitas são as lendas sobre Obaluaiê. Transcrevemos duas delas narradas por Verger:

A primeira lenda diz o seguinte: Obaluaiê era originário de Empé (Tapá) e havia levado seus guerreiros em expedição aos quatro cantos da

Terra. Uma ferida feita por suas flechas tornava as pessoas cegas, surdas ou mancas. Obaluaiê chegou assim ao território Mahi, no norte do Daomé, batendo e dizimando seus inimigos, pondo-se a massacrar e destruir tudo o que encontrava à sua frente. Os mahis, porém, tendo consultado um babalawô, aprenderam como acalmar Obaluaiê com oferendas de pipocas. Assim, tranquilizado pelas atenções recebidas, Obaluaiê mandou-os construir um palácio onde passaria a morar, não mais voltando ao país Empê. O Mahi prosperou e tudo se acalmou.

A segunda lenda é originária de Dassa Zumê e diz o seguinte: um caçador Molusi (iniciado de Omulu) viu passar no mato um antílope. Tentou matá-lo, mas o animal levantou uma de suas patas dianteiras e anoiteceu em pleno dia. Pouco depois, a claridade voltou e o caçador viu-se na presença de um Aroni, que declarou ter intenção de dar-lhe um talismã poderoso para que ele colocasse sob um montículo de terra, que deveria ser erguido defronte de sua casa. Deu-lhe também um apito, com o qual poderia chamá-lo em caso de necessidade. Sete dias depois, uma epidemia de varíola começou a assolar a região. O Molusi voltou à floresta e soprou o apito. Aroni apareceu e disse-lhe que aquilo era o poder de Obaluaiê, que era preciso construir para ele um templo e todo mundo deveria, doravante, obedecer ao Molusi. Foi assim que Obaluaiê (chamado Sapata pelos fon) instalou-se em Pingini Vedji.

OXALÁ

Dentre todos os deuses yorùbá, Oxalá é o que ocupa o lugar de maior destaque, recebendo ainda os seguintes nomes: Obatalá, o grande Orixá, Orixalá, o rei do pano branco etc.

São inúmeras as lendas africanas sobre Oxalá. A seguir relata-se uma das mais tradicionais contadas por Verger:

Segundo o autor, Oxalá recebeu de Olúdùmarè (o Deus Supremo) a incumbência de criar o mundo, com o poder de sugerir e realizar. O poder que lhe havia sido confiado não o dispensava no entanto de passar por certas provações, submeter-se a determinadas regras e respeitar diversas obrigações, como os outros Orixás.

Verger cita uma história de Ifá que conta como, em razão de sua altivez, ele se recusou a fazer alguns sacrifícios e oferendas a Exu, antes de iniciar sua viagem para criar o mundo.

Oxalá seguiu seu caminho apoiado em seu cajado de estanho. Quando ia ultrapassar a porta do Além, encontrou Exu que lhe deu, como uma de suas obrigações, fiscalizar as comunicações entre os dois mundos. A recusa de Oxalá em realizar os sacrifícios e oferendas causou grande descontentamento em Exu, que se vingou, fazendo-o sentir uma sede intensa. Para saciar a sede, Oxalá furou, com seu cajado, a casca do tronco de um dendezeiro. O vinho de palma escorreu desse tronco e ele bebeu com grande avidez, ficando bêbado e sem saber onde estava, adormecendo em seguida. Após haver adormecido, Exu lhe roubou o saco da criação e dirigiu-se a Olúdùmarè para mostrar-lhe o estado de Oxalá. Olúdùmarè exclamou: "Se ele está nesse estado, vá você Odùduá! Vá criar o mundo! Odùduá saiu assim do Além e encontrou-se diante de uma extensão ilimitada de água. Deixou cair a substância marrom contida no saco da criação, que era terra. Formou-se, então, um montículo que ultrapassou a superfície das águas. Ele colocou uma galinha, cujos pés tinham cinco garras, que começou a arranhar e a espalhar a terra sobre a superfície das águas. Onde ciscava, cobria as águas e a terra ia se alargando cada vez mais. Odùduá aí se estabeleceu, seguido pelos outros Orixás e tornou-se assim o rei da Terra.

Quando Oxalá acordou, não mais encontrou ao seu lado o saco da criação. Nutrindo grande despeito, voltou-se a Olúdùmarè. Como castigo pela bebedeira, Olúdùmarè proibiu-o, assim como aos outros de sua família, os Orixás funfun, de beber vinho de palma e mesmo de usar azeite de dendê. Confiou-lhe, entretanto, como consolo, a tarefa de modelar no barro o corpo dos seres humanos, aos quais ele, Oludumaré, insuflaria a vida.

Oxalá aceitou essa incumbência, porém não levou a sério a proibição de beber o vinho de palma e, nos dias em que se excedia no vinho, os homens saíam de suas mãos com vários defeitos físicos. Alguns eram retirados do forno antes da hora e suas cores eram muito pálidas. Vem daí o fato de os albinos serem adoradores de Oxalá.

Nos cultos de nação, Oxalá é representado de duas formas: Oxaguian e Oxalufan. Oxaguian é o Oxalá menino, geralmente sincretizado com o Menino Jesus de Praga. É um Orixá funfun jovem e guerreiro, relacionado com o sustento cotidiano, o qual gosta de mesa farta. Seu sustento é proveniente do fundo da terra ou da floresta. É o guerreiro da paz. Segundo algumas lendas, foi rei de Ejigbo e gosta muito de inhame pilado. Seu nome significa Orixá que come inhame pilado. Oxalufan é o Oxalá velho, sincretizado com Jesus Cristo. Segundo algumas lendas, foi rei de Ifan. É um Oxalá velho, curvado pelos anos, que anda com dificuldade, como se estivesse acometido de reumatismo.

Conforme Pai Nenê d'Oxumaré e Pai Paulo de Oxalá, a família de Orixás funfun é muito grande. Podem ser citados alguns deles:

Òrísà Olufón Ajígúna;

Koari, "aquele que grita quando acorda";

Òrisà Ògiyán Ewúléèjigbò, "Senhor de Ejigbô";

Òrísà Obaníjita;

Òrísà Àkirè;

Òrísà Eteko Oba Dugbe;

Òrísà Alásè ou Olúorogbo;

Òrisà Olójo;

Òrisà Àrówú;

Òrisà Oníki;

Òrisà Onínrinjà;

Òrisà Ajagemo;

Òrisà Jayé em Jayé;

Òrisà Ròwu em Owu;

Òrisà Olóbà em Iwofin;

Òrisàko em Oko.

IBEJI

O culto aos gêmeos é muito antigo. Na mitologia grega, encontram-se os heróis gêmeos Castor e Pólux. Conta-se que as famílias romanas os invocavam por ocasião de doenças, principalmente em crianças.

Em quase todas as culturas, o nascimento de gêmeos sempre era considerado prenúncio de coisas boas. Em Togo, no Daomé, e na Nigéria ocidental, a ocorrência de dois ou três filhos no mesmo parto era motivo de grande júbilo e a mãe recebia grandes homenagens. Ibeji são Orixás nagôs que representam os gêmeos e simbolizam também a fecundidade.

Câmara Cascudo[7] diz o seguinte:

Ibeji são Orixás jeje-nagôs, representados nos candomblés pelos santos católicos gêmeos Cosme e Damião. Não há fetiche dos Ibeji, que em Cuba são os Jimaguas, estes sem qualquer semelhança com as imagens católicas. Os africanos católicos da Costa de Escravos costumavam batizar seus filhos gêmeos com os nomes de Cosme e Damião. O culto dos Ibeji nos nagôs é uma homenagem à fecundidade. Nina Rodrigues identificou os Ibeji nas formas bonitas dos dois santos mártires, ligando-os à religião negra. Inexplicável é o desaparecimento dos ídolos Ibeji e a sobrevivência cristã de Cosme e Damião. Dos Ibeji caracterizadamente nada se conhece no Brasil.

Fernando Ortiz diz que os Orixás Ibeji são as divindades tutelares dos gêmeos, idênticos ao deus Hoho das tribos ewe (jejes). Aos Ibeji está consagrado um pequeno mono chamado Edon Dudu ou Edun Oriokun e geralmente um dos meninos gêmeos se chama também Edon ou Edun. Os bruxos cubanos dizem a Fernando Ortiz ser Jimagua a representação de Dadá e Ogum, irmãos de Xangô, tanto assim que a faixa que os envolve é vermelha.

Na África, em geral, as crianças representam a certeza da continuidade, por isso, os pais consideram os filhos como a maior riqueza. A palavra Igbeji significa gêmeos e o Orixá Ibeji é o único permanentemente duplo. Forma-se a partir de duas entidades distintas que coexistem, respeitando o princípio básico da dualidade. Ibeji são os opostos que caminham juntos, ou seja, a dualidade de todo ser humano.

Existe uma confusão corrente em determinados terreiros de Umbanda, onde se confundem os Orixás Ibeji com os erês. O erê não é uma entidade nem um Orixá, é um estado intermediário, de transe infantil, pelo qual o iniciado do candomblé passa na regressão da manifestação do Orixá para a personalidade do indivíduo. O erê é o intermediário entre a pessoa e seu Orixá. É o desabrochar da criança que cada um traz dentro de si.

---

7 *Meleagro.*

SINCRETISMO RELIGIOSO

O início do sincretismo religioso no Brasil surgiu com a escravatura do índio, pelos primeiros colonizadores. Nosso índio, em função de sua liberdade natural e de seu espírito guerreiro, não podia aceitar a escravidão. Ele tinha uma religião, que se fundamentava na crença do espírito e que possuía seus rituais. O índio não se adaptou ao cativeiro e o colonizador trouxe da África o elemento negro, que oferecia melhores condições para a lavoura.

Formou-se, assim, um ciclo branco-índio-negro, que contribuiu para o complexo da formação brasileira, sobressaindo-se uma constante religiosidade, em vários aspectos.

Os escravos nada traziam na viagem, sendo necessário, aqui, improvisar os objetos de culto com os utensílios utilizados nas cozinhas ou senzalas.

Os negros escravos haviam desenvolvido e sedimentado o fundamento religioso de divindades, rituais, liturgia e lendas. Dentre eles, muitos iniciados cuidavam com fidelidade dos conhecimentos recebidos, sob sigilo, constituindo segredo que não podia ser revelado.

Os negros apresentavam grau de cultura mais elevado que o índio e, em alguns casos, eram mais intelectualizados que alguns senhores brancos que lhe impunham uma religião, por meio de imagens e algumas rezas, as quais eles não entendiam, sem um fundamento, à custa de castigos, privações e sofrimentos.

O negro não entendia a religião católica e havia má assimilação. No entanto, quanto ao que havia de semelhante na correlação com suas divindades tradicionais, ocorria uma fusão das divindades para que pudessem praticar seus rituais e cultuar os Orixás que lhe eram próprios. Quando eram questionados pelos brancos, preferiam dizer que estavam homenageando "os santos", resultando, assim, em uma fusão de crenças e divindades de vários aspectos. O colonizador permitiu, desse modo, que cultuassem a religião à sua maneira, modificando a tradição dos cultos primitivos, porque a ruidosidade e complexidade do ritual eram para o negro um lenitivo, de forma a amenizar a saudade da família ou da terra natal.

O sincretismo com o catolicismo atingiu tal ponto que é comum cultuar-se uma mesma entidade, de modo indiferente, com nome de santo ou Orixá africano, não se podendo muitas vezes diferenciar onde termina um e começa o outro.

Existe uma convergência de rituais e liturgia, que tende a acentuar-se com o sentido ecumenista, pela grande disseminação da Umbanda no Brasil e seu grande relacionamento com o altar e as práticas católicas. A primeira religião de caráter sincrético no Brasil pós-descobrimento ficou conhecida como santidade, termo criado pelo padre Manoel da Nóbrega, em 1549, quando observou um pajé em transe pregando a outros índios. Segundo Dias, os primeiros registros dessa religião datam de 1551, em São Vicente, tendo ganhado força e se tornado mais expressiva ao final do século XVI, no sul da Bahia e na área do recôncavo baiano.

Na santidade, os rituais podiam durar vários dias e os adeptos usavam penas, arco, flechas, colares e máscaras. O ritmo era marcado pelo uso de maracás. Fumavam tabaco e ingeriam bebidas fermentadas que induziam a estados alterados da consciência, denominados estado de santidade. O sincretismo era caracterizado pelas rezas com uso de cruzes, terços e rosários. Cultuavam alguns santos católicos e faziam rituais semelhantes ao batismo e às procissões. De alguma forma, esse tipo de culto influenciou o sincretismo religioso dos escravos africanos no Brasil.

Entre as muitas formas de resistência ao cativeiro, observadas desde o início do regime escravagista no Brasil, uma das mais notáveis foi a que ocorreu por meio da religião. Enquanto o regime procurava desorganizar a identidade cultural dos africanos, eles contra-atacavam no mesmo nível, por meio de um engenhoso e funcional sistema de sincretismo religioso.

Como visto anteriormente, quando um senhor de engenho necessitava aumentar seu número de escravos, procurava sempre comprar um negro que não pertencesse à mesma nação ou, pelo menos, à mesma tribo ou família dos escravos que já possuía. O ideal era que os escravos fossem de grupos mais heterogêneos possíveis, pois isso diminuía a possibilidade de que eles se unissem e causassem uma rebelião.

Quando ocorria o aumento de uma família de negros, os filhos eram vendidos para senzalas mais distantes e, muitas vezes, os casais eram separados após a geração de dois ou mais filhos. Isso fazia com que os laços familiares não se estreitassem.

Muito cedo, os negros entenderam que só tinham em comum, com demais membros da senzala, a cor da pele e o fato de serem escravos. Sentiram que o branco explorava suas rivalidades naturais e suas línguas diferentes. Suas lideranças passaram, então, a buscar o único meio de fazer com que houvesse uma ligação mais intensa entre eles. Perceberam que, com exceção dos negros mandingas, que eram muçulmanos, a maioria trazia a crença nos Orixás.

A crença em Zambi (Deus) e nos Orixás, mais do que uma religião, era também um meio de garantir a solidariedade de todos. Sabiam que não haveria liberdade sem luta e para isso era necessário unirem-se em torno dos mesmos objetivos.

Quando, à noite, a maioria dos negros e senhores brancos dormiam, alguns negros procuravam encontrar aqueles capazes de aprender o culto aos Orixás e, muitas vezes, guiados pelos índios amigos que os conduziam aos diferentes reinos da natureza, os "iniciados" davam suas obrigações aos Orixás.

No dia seguinte à iniciação, para que não houvesse suspeita do ocorrido, o iniciado deveria mostrar-se na igreja. Essa prática ficou muito famosa nos candomblés de Salvador, na Bahia, onde o iniciado era obrigado a assistir a uma missa na Igreja do Senhor do Bonfim, prática que ainda hoje é usada.

Nasciam, desse modo, as raízes de um culto que não seria exatamente aquele que eles praticavam na terra distante, mas que reunia elementos das várias nações africanas, somados aos hábitos cristãos que lhes eram impostos pelos senhores brancos. Essa primeira ligação cultural religiosa recebeu o nome de Candomblé, que passou a ser o sucedâneo da aldeia africana ou dos burgos rurais.

O negro africano, quando cumpria sua obrigação, retirava uma pedra do lugar sagrado, denominada otá. Essa pedra era cultuada como objeto sagrado pelo resto de seus dias. As imagens de santos católicos, muito populares no período colonial, eram, em sua maioria, esculpidas em madeira. Para não trair seus deuses de origem, o negro habitualmente escavava a imagem do santo e introduzia nessa escavação o otá correspondente ao Orixá. Dessa forma, ele poderia voltar-se para uma imagem do santo católico e reverenciar seu Orixá.

O branco acabou por descobrir que os negros escavavam as imagens e o negro justificava o fato dizendo que a imagem oca não trincava e que a pedra na base servia para dar maior estabilidade à peça. O branco, esperto, passou a utilizar essas imagens para ocultar, em seu interior, fumo, ouro e pedras preciosas. As imagens eram vedadas com uma massa preparada com cera de abelhas e serragem e eram enviadas à Europa sem pagar os direitos do rei, surgindo, dessa forma de contrabando, a expressão "santo do pau oco", como sinônimo de coisa maldosa.

E o negro passou, assim, a homenagear seu Orixá diante de uma imagem de santo católico, resultando daí o início do sincretismo de crenças e divindades de vários aspectos.

Às vezes, o dono da fazenda, o senhor das terras, tinha um santo de devoção pessoal e obrigava o negro a cultuá-lo. Isso justifica o fato de, em Salvador, Ogum ser sincretizado com Santo Antônio e não com São Jorge, assim acontecendo também com outros santos e Orixás.

Silva[8] faz o seguinte comentário:

Os santos guerreiros, como Santo Antônio, São Sebastião, São Jorge, São Miguel e outros, que de alguma forma aludiam à condição de conquistadores dos portugueses em sua luta contra índios, invasores e contra as duras condições de povoamento da terra, eram muito solicitados. São Roque, São Lázaro, São Braz e Nossa Senhora das Cabeças – e outros santos que curavam doenças da pele, respiratórias, hidrocefalia e tantas outras,

---

8 *Candomblé e Umbanda.*

facilmente contraíveis nos trópicos – também eram constantemente invocados nas promessas e ladainhas.

Em seus sonhos de liberdade, o negro africano via em Ogum, o Orixá da guerra, a força de que necessitava para conseguir sua liberdade. Um dia, o negro empunharia a lança e a espada de Ogum mataria os brancos, vingando amigos e parentes mortos por estes, tomaria uma de suas embarcações e voltaria à sua terra natal. Seria Ogum que os ajudaria na batalha e lhes daria a força e a coragem de que tanto necessitavam.

A figura de São Jorge mostra um homem todo coberto com uma armadura de aço, ferindo, com uma lança o dragão, símbolo do mal. O Ogum que o negro conhecia, e que era o Orixá do ferro, era um Orixá guerreiro. O branco lhe impunha a imagem de São Jorge e o negro cultuava Ogum, disfarçado na imagem do santo guerreiro.

Impedido de cultuar Yemanjá, a mãe dos deuses, o negro cultuava Maria, a mãe de Deus, como lhe ensinavam os brancos. Externamente e diante dos brancos, ele era um cristão que adorava Maria, mas em seu íntimo era Yemanjá a quem ele se referia.

O sincretismo processou-se nas diferentes regiões do país, segundo a crença ou devoção das figuras mais importantes e representativas das várias localidades. Daí, para o negro ou mestiço, a Yemanjá africana passou a se confundir com Nossa Senhora dos Navegantes, na Bahia; Nossa Senhora da Glória, no Rio Grande do Sul; e Nossa Senhora da Conceição, no Rio de Janeiro e no Vale do Paraíba. Em consequência do sincretismo com Nossa Senhora da Conceição, posteriormente, passou a confundir-se também com Nossa Senhora da Conceição Aparecida.

Os negros consideravam Xangô como um rei, um sábio e isso os levou a homenageá-lo na presença das imagens de Moisés e São Jerônimo, homens maduros e sábios, transmissores orais e gráficos dos ensinamentos divinos.

O Orixá Inhaçã é sincretizado com Santa Bárbara, pela transferência do poder do Orixá sobre o fogo, referência ao raio que teria, de maneira justiceira, punido Dióscoro, o pai da santa, quando se preparava para decapitá-la com a espada.

Os princípios cristãos passaram a admitir a ideia da Maria virgem, daí dar--lhe, posteriormente, o nome de Nossa Senhora da Conceição. Ora, por uma questão de lógica, os africanos, reduzidos à condição de escravos em terra cristã, só poderiam encontrar similitude, para efeito de sincretismo, entre a mãe de Jesus e a doce menina Oxum, um Orixá jovem e de rara beleza.

Para esconder o otá consagrado a Oxóssi, o negro africano encontrou imagem ideal em São Sebastião, pois esse santo apresenta-se seminu, amarrado a uma árvore (mata) e crivado de flechas. Oxóssi é o Orixá que conhece cada animal da mata e os caça com auxílio do arco e da flecha. Esse fato provocou um rápido sincretismo entre São Sebastião e o Orixá da mata e da caça, Oxóssi.

Assim, sendo considerado o mais velho Orixá feminino do panteão africano, Nanã Buruquê facilmente encontrou similitude em Sant'Ana. Como o negro africano era obrigado a aceitar a cultura e a religião impostas pelo branco, a avó de Jesus poderia ser comparada à velha Nanã. Afinal, cabe a ela a função de zelar pelo final de suas vidas.

Já para Obaluaiê coube o sincretismo com São Lázaro, pois esse santo é representado com o corpo cheio de feridas, enquanto o Orixá Obaluaiê é o deus da varíola e das doenças. Encontra similitude também em São Roque.

Dentre todos os deuses yorùbá, Oxalá é o que ocupa o lugar de maior destaque, recebendo ainda os nomes de Obatalá e Orixalá. Segundo o Candomblé, Oxalá é o Orixá supremo, o criador do mundo. O negro ouvia constantemente, nas igrejas, o nome de Jesus e passou a ver em sua imagem a figura de Oxalá, o criador dos seres humanos.

Várias foram as formas de resistência dos negros africanos às forças de alienação e extermínio que enfrentavam, porém o sincretismo religioso, além de uma forma de resistência, constituiu-se também como um modo precioso de preservar a cultura religiosa dos negros. Apesar disso, das quatrocentas divindades cultuadas pelos africanos de então, apenas dezesseis conseguiram "sobreviver" às perseguições e ao aniquilamento dos patrimônios culturais e religiosos africanos.

ORIGENS DA PALAVRA "UMBANDA"

Sempre que é necessário demonstrar o pouco conhecimento dos umbandistas sobre a própria religião, pergunta-se inicialmente se os participantes da reunião são médiuns e, depois, se todos trabalham pela causa umbandista. Quando se recebe a resposta afirmativa, pergunta-se: o que é Umbanda? E, geralmente, a resposta é um ar ou uma aparência de dúvida ou insegurança ou ainda uma frase sem muita convicção, como, por exemplo: "Umbanda é paz e amor". Umbanda é caridade (e as outras religiões não praticam a caridade?). Umbanda é humildade. Umbanda é saber transmitir calor humano. Trata-se, então, de uma série de frases que podem definir algumas virtudes umbandistas, mas estão longe de fornecer ao leigo uma explicação satisfatória e lógica do que seja realmente a Umbanda. Por isso, é importante aqui explicar sua origem e seu significado.

Segundo Cavalcanti Bandeira,[9] a Umbanda é originária da língua Kimbundo, encontrada em muitos dialetos bantos, falados na Angola, no Congo e em Guiné e não é segredo algum pois, em virtude dos interesses comerciais e do período em que Portugal manteve suas colônias na África, foi devidamente estudada, existindo várias gramáticas de autores insuspeitos, em que são citadas as palavras "Umbanda" e "quimbanda", nome comum na África. Às vezes, é citada como nação poderosa; outras vezes, como o espírito dessa mesma nação.

No livro *Império ultramarino português*, editado em 1941, é citada a localidade de Mucajé ia Quimbanda, sob jurisdição da Arquidiocese de Luanda. Bandeira explica:

Poderemos, assim, no Brasil, tentar uma definição: a Umbanda é um novo culto brasileiro do século XX, provindo do sincretismo religioso de práticas e fundamentos católico-banto-sudaneses, apresentando algumas fusões ameríndias e orientais, com observância do *Evangelho segundo o Espiritismo*, constituído de planos espirituais evolutivos pela reencarnação.

---

9 *O que é Umbanda.*

Outra possibilidade confere a origem dessa palavra ao orientalismo iniciático, no qual o mantra AUMBHANDA representa um alto significado esotérico, como foi discutido no Primeiro Congresso Brasileiro do Espiritismo de Umbanda, realizado em 1941, no Rio de Janeiro. Nesse congresso, Diamantino Coelho Fernandes, da Tenda Mirim, apresentou uma tese intitulada "Fundamentos históricos e filosóficos", que discorreu sobre o tema. Em um dos trechos da tese encontra-se:

Umbanda não é um conjunto de fetiches, seitas ou crenças, originárias de povos incultos ou aparentemente ignorantes; Umbanda é, demonstradamente, uma das maiores correntes do pensamento humano existentes na Terra há mais de cem séculos, cuja raiz se perde na profundidade insondável das mais antigas filosofias.

AUM – BANDHÃ (OM – BANDÁ);
AUM (OM);
BANDHÃ (BANDÁ);
OMBANDÁ (UMBANDA).

O vocábulo "Umbanda" é oriundo do Sânscrito, a mais antiga e polida de todas as línguas da Terra, a raiz mestra, por assim dizer, das demais línguas existentes no mundo.

Sua etimologia provém de AUM-BANDHA (Om-Banda) em Sânscrito, ou seja, o limite do ilimitado.

Na gramática de Kimbundo, do professor L. Quintão, encontra-se: Umbanda – arte de curar (de kimbanda: curandeiro). Algumas deformações linguísticas atuais no Brasil atribuem ao feiticeiro o título de quimbandeiro que, na África, é denominado Mulogi.

Resumidamente, tem-se: Umbanda – arte de curar, ofício de ocultista, ciência médica, magia de curar. Em sua origem, participam valores de três culturas principais: a branca europeia (catolicismo e Espiritismo), negra africana (elemento escravo) e a vermelha ameríndia (índios nativos que o branco tentou escravizar).

Matta e Silva[10] faz um apanhado sobre a origem da palavra Umbanda:

Em 1894, Heli Chatelain escreveu um livro, intitulado *Folk tales of Angola* (*Narrativas do povo de Angola*), onde na página 268 consta a palavra "Umbanda" como força, expressão e regra de altos valores. E notem: até esse citado ano foi o único que conseguiu descobrir esse termo e o fez assim: Umbanda deriva-se de kimbanda pela aposição do prefixo "u", como u-ngana vem de ngana. (I) Umbanda é a faculdade, ciência, arte, profissão, oficio de: a) curar por meio de medicina natural (plantas, raízes, folhas, frutos) ou da medicina sobrenatural (sortilégios, encantamentos); b) adivinhando o desconhecido, pela consulta à alma dos mortos ou aos gênios ou demônios, que são espíritos, nem humanos nem divinos; c) induzindo esses espíritos, humanos ou não, a influir sobre os homens e sobre a natureza, de maneira benéfica ou maléfica. (II) As forças, agindo na cura, adivinhação e na influência dos espíritos. (III) Finalmente, Umbanda é o conjunto de sortilégios que estabelecem e determinam ligação entre espíritos e o mundo físico.

No entanto, não se deve esquecer a verdadeira essência da palavra, trazida pelo Caboclo das Sete Encruzilhadas: "A Umbanda é a manifestação do espírito para a caridade".

---

10 *Umbanda de Todos Nós.*

ASPECTOS DA IMPLANTAÇÃO DA UMBANDA NO BRASIL

O processo escravagista imposto aos negros e o massacre dos indígenas no Brasil geraram verdadeiro conflito racial, fator determinante para que os tribunais do Astral superior resolvessem implantar sobre essa coletividade em litígio (brancos, negros e índios) um conjunto de leis reguladoras, a fim de discipliná-la, além de disciplinar os rituais de baixa estirpe, em sua maioria impregnados de sentimentos de ódio e vingança.

O Astral superior decidiu lançar mão de um movimento restaurador desses conceitos, fazendo a coletividade brasileira retomar o caminho evolutivo o mais reto e seguro possível. Assim, houve a implantação paulatina do movimento umbandista no Brasil. Gradativamente, as entidades integrantes da corrente astral de Umbanda foram, por meio de seus médiuns, criando os alicerces dos fundamentos da religião, cujo objetivo é abarcar o maior número possível de pessoas, em um menor espaço de tempo.

O Caboclo das Sete Encruzilhadas passou a atuar pelo médium Zélio Fernandino de Moraes, a partir de 1908, ajudado em seguida por outro valoroso enviado de Ogum, o Orixá Malet. Juntamente com essas duas entidades, trabalhava o poderosíssimo e sumamente sábio Pai Antônio.

A primeira tenda de Umbanda, fundada pelo Caboclo das Sete Encruzilhadas e por Zélio de Moraes, recebeu o nome Tenda Espírita de Umbanda Nossa Senhora da Piedade.

A partir de 16 de novembro de 1908, as sessões da Tenda Nossa Senhora da Piedade seguiram as normas estabelecidas, apenas com algumas praxes doutrinárias do espiritismo, por força da época e das circunstâncias, as quais foram depois sendo adaptadas à realidade da Umbanda.

Na década de 1920, Zélio de Moraes recebeu do Caboclo das Sete Encruzilhadas a incumbência de fundar sete tendas, que seriam uma espécie de núcleos centrais, a fim de propagar a Umbanda.

Em uma sessão de desenvolvimento e estudos, o Caboclo das Sete Encruzilhadas determinou a fundação gradativa das sete tendas mestras que deveriam ser os polos irradiadores da Umbanda no Brasil:

Tenda Nossa Senhora da Conceição;

Tenda São Pedro;

Tenda Nossa Senhora da Guia;

Tenda Santa Bárbara;

Tenda Oxalá;

Tenda São Jorge;

Tenda São Jerônimo.

Seguindo o planejamento do Astral superior, houve, na década de 1950, o importante advento do Pai Guiné, preparado pelo Caboclo das Sete Encruzilhadas. Pai Guiné, sapientíssimo e poderoso mago da luz, juntamente com seu médium W. W. da Matta e Silva, trouxe os conceitos esotéricos e iniciáticos da Umbanda.

Mais detalhes sobre a história da Umbanda podem ser encontrados nas demais obras de Diamantino Fernandes Trindade.

ORIGENS DO RITUAL UMBANDISTA

Zélio de Moraes explica como teve início o primeiro ritual umbandista: "O rito nasceu naturalmente como consequência, principalmente, da presença do índio e do negro, não tanto pela presença física, mas sim pela presença do Preto Velho incorporado". No dia da primeira sessão da Tenda Nossa Senhora da Piedade, em 16 de novembro de 1908, Zélio incorporou pela primeira vez o Pai Antônio. O Caboclo das Sete Encruzilhadas havia alertado que iria desincorporar para dar passagem à outra entidade espiritual que desejava se manifestar.

Zélio incorporou o Pai Antônio, espírito de um velho escravo que parecia não se sentir à vontade diante de tanta gente e que, recusando-se a permanecer na mesa onde ocorrera a manifestação, procurava não chamar a atenção, apresentando-se humilde e curvado, o que conferia ao jovem Zélio um aspecto quase irreal. Essa entidade parecia tão pouco à vontade que logo despertou um sentimento de compaixão e de solidariedade entre os presentes. Perguntado então por que não se sentava à mesa, com os demais irmãos encarnados, respondeu: "*Nego num* senta, não, meu *sinhô*, nego fica aqui mesmo. Isso é coisa de *sinhô* branco *i nego* deve *arrespeitá*...".

Era a primeira incorporação dessa portentosa entidade, porém a morte, que não retoca seu escolhido, mudando-o para o bem ou para o mal, não havia afastado dele o medo que ele tantas vezes havia sentido ante a prepotência do senhor branco escravagista e, diante da insistência de algumas pessoas presentes à sessão, disse: "*Num* carece *preocupá*, não, *nego* fica no toco que é *lugá di nego*...". Demonstrava assim que preferia ocupar um lugar mais singelo, para não constranger nenhum dos presentes.

Perguntado sobre seu nome, disse que era Tonho e que era um preto escravo que na senzala era chamado de Pai Antônio. Surgiu assim essa forma de chamar os Pretos Velhos de pai.

Indagado sobre como havia sido sua morte, falou que havia ido à mata apanhar lenha, sentiu-se mal, sentou-se e nada mais lembrava.

Sensibilizados com tanta humildade, perguntaram-lhe, respeitosamente: "O senhor tem saudade de alguma coisa que deixou ficar na Terra?". Ao que ele respondeu, então: "Minha cachimba. *Nego qué* o pito que deixou no toco... Manda *muréque buscá*". As pessoas foram apanhadas de surpresa, pois era a primeira vez que alguma entidade pedia algo material e a surpresa foi logo substituída pelo desejo de atender ao pedido do espírito. Mas ninguém tinha um cachimbo para oferecer ao Pai Antônio.

Muitos pensaram no pedido e muitos cachimbos apareceram nas mãos dos frequentadores da tenda, incluindo alguns médiuns que haviam sido afastados de centros kardecistas porque haviam permitido a incorporação de índios, pobres ou pretos como aquele e que, solidários, buscavam na nova casa, a Tenda Nossa Senhora da Piedade, a oportunidade que lhes fora negada em seus centros de origem. O ato de pitar o cachimbo logo seria repetido, quando os outros médiuns já mencionados também passaram livremente a permitir a incorporação dos Caboclos, Pretos Velhos e demais entidades consideradas não evoluídas pelos kardecistas de então, que confundiam cultura com bondade.

Surgiu então o primeiro ponto de Umbanda, muito cantado nos terreiros:

Minha *cachimba tá* no toco.
Manda *muréque buscá.*
Minha *cachimba tá* no toco.
Manda *muréque buscá.*
No alto da derrubada.
Minha *cachimba* ficou lá.
No alto da derrubada.
Minha *cachimba* ficou lá.

Assim, foi introduzido na Umbanda o primeiro rito. Outros lhe seguiram, por exemplo, quando houve a informação de que os índios tinham o hábito de fumar e que foram eles que descobriram as propriedades dessa planta, a qual eles enrolavam na forma de um grande charuto, usado coletivamente por todos os participantes de seus cultos religiosos, sendo considerada uma planta sagrada.

O uso do fumo pelas entidades incorporadas tem o efeito purificador, quando elas atendem algum consulente com problemas espirituais. A fumaça age como um desagregador de maus fluidos, atingindo o corpo astral dos espíritos obsessores. Além disso, a fumaça produzida pelos charutos e pelo fumo dos cachimbos cria um escudo de proteção para a aura do médium.[11] Por extensão desses hábitos incorporados ao terreiro, passou-se a oferecer doces às crianças espirituais incorporadas.

Com a liberdade trazida pelo Caboclo das Sete Encruzilhadas, os médiuns considerados inconvenientes pela elitizada mesa kardecista da época passaram a frequentar a Umbanda, a religião emergente. Uma parcela considerável dessas pessoas era de etnia negra. Com isso, a Umbanda passou a contar com uma boa parte de médiuns dessa etnia, que se sentiam muito à vontade pela ausência de preconceitos. Esses médiuns começaram a enriquecer o ritual com práticas dos cultos africanos, principalmente do Candomblé, conhecidas por eles.

Foram introduzidos, assim, comidas de santo, atabaques e outros instrumentos musicais. Esses fatos ocorreram com as tendas nascidas da Tenda Nossa Senhora da Piedade, pois nesta nunca foram utilizados instrumentos musicais e palmas.

Outra prática trazida pelos médiuns de etnia negra foram as oferendas.[12] Os africanos tinham o hábito de oferecer a seus Orixás, por exemplo, o vinho de palma. Na condição de escravos, não tinham permissão para cultuar seus Orixás e tampouco para fazer tais oferendas.

Alguns escravos, que apresentavam faculdades mediúnicas, eram escolhidos pelo grupo para serem iniciados nos mistérios de sua religião. Esses escravos eram retirados, à noite, das senzalas para serem iniciados no interior da mata. O escravo iniciado deveria fazer uma oferenda a seu Orixá. Na ausência do vinho de palma, o escravo era obrigado a tirar algo de valor

do senhor branco (como vinho, aguardente etc.) para ofertar ao Orixá. A bebida subtraída do senhor branco constituía uma forma de cumplicidade e garantia de que o escravo não trairia seus irmãos, denunciando-os, pois poderia ser acusado de furto.

Justificam-se, assim, as obrigações dadas pelos médiuns a seus Orixás, dadas junto à natureza[13], geralmente à noite, em função da tradição dos escravos africanos.

---

11 Vide capítulo "O uso do tabaco".
12 Obrigações aos Orixás.
13 Matas, cachoeiras, pedreiras, mar, rios, etc.

CORRELAÇÃO ENTRE OS ORIXÁS

O povo de etnia negra aportado no Brasil, ao longo de três séculos, era proveniente de vários locais da África, como Dahomey,[14] Uganda, Nigéria, Angola, Moçambique, Costa da Guiné etc. Segundo as pesquisas de Nina Rodrigues, médico e etnólogo, os maiores contingentes saíram de três grandes áreas: Congo, Golfo da Guiné e Sudão Oriental. Dessas áreas, dois grandes grupos prevaleceram no Brasil, em cultura e em quantidade, que, para um entendimento direto sobre sua vivência místico-religiosa, podem ser localizados no Brasil e classificados da seguinte maneira:

SUDANESES

Provenientes da zona do Niger, na África Ocidental, foram introduzidos na Bahia, de onde se espalharam pelo Recôncavo. Uma quantidade menor foi para o Rio de Janeiro, Minas e Maranhão.

Haussás – Bahia;

Tapas ou Nifés – Bahia;

Mandingas ou Mandés – Bahia;

Fulás ou Filanins ou Fulanis – Bahia;

Yorubanos ou Nagôs – Bahia;

Aschantis ou Minas – Maranhão, Bahia e Rio de Janeiro;

Ewês ou Jejes ou Fons – Bahia.

BANTOS

Provenientes do Sul da África, foram levados para o Rio de Janeiro e Pernambuco e, a partir de migrações menores, estenderam-se a Alagoas, ao Pará, a Minas Gerais e a São Paulo.

---

14 Atual Benin.

Congos ou Cambindas – Rio de Janeiro, Pará, Ceará, São Paulo e Pernambuco;

Angolas ou Aumbundas – Rio de Janeiro;

Benguelas, Cassandes, Moçambiques, Fernando-Pó – Rio de Janeiro.

Esses grupos de nações africanas daquela época chegaram falando diversas línguas, porém duas delas se generalizaram e predominaram no Brasil: uma delas foi adotada, de modo geral, em toda a Bahia, a Nagô ou Yorùbá, derivada do grupo sudanês; a outra, do grupo banto, foi a Kibundo ou Conguesa, a que mais se distinguiu do Norte ao Sul do Brasil.

Apenas os bantos guardaram o termo "Umbanda". Quando chegaram ao Brasil, tal termo, registrado no idioma Kibundo, significava arte ou ofício de curar, evocar espíritos etc.

No tocante aos aspectos religiosos, os nagôs ou yorubanos por meio de seus cultos dominaram os demais, em razão de sua organização hierárquica trazida da África, em que a Sociedade Secreta Ogboni assumia a direção suprema do culto, que era formado por lojas ou confrarias filiais em todas as cidades ou vilas. Possuíam sinais, passes e senhas próprias e exerciam grande influência na direção ou no governo dos nagôs.

Em relação aos nagôs, os bantos possuíam cultura e mitologia muito pobres. Assim, gradativamente, foram assimilando sua língua, cultura e mitologia. É comum ainda hoje, em terreiros de Angola, cultuarem-se Orixás em lugar dos Inkices. A seguir, apresenta-se uma tabela com algumas correlações entre Orixás, Voduns e Inkices.

ORIXÁS DOS NAGÔS	VODUNS DOS JEJES	INKICES DOS ANGOLAS	INKICES DOS CONGOS
Olódùmarè ou Olorun	Mawu	Nzambi ou Zambi	Nzambi Mpungo ou Zambiapongo
Oxalá ou Oba-talá	Olissará ou Lissá	Lombarengenga ou Cassumbeca	Lomba ou Lembá Dilê
Exu ou Elégbará	Elegba ou Legbá	Aluvaiá	Bombongira ou Pambu Njila
Ogum	Gun	Rocha Mucumbe	Nkoce Mucumbe
Oxóssi	Odé ou Aguê	Mutalombo	Mutacalombo
Obaluaiê ou Omolu ou Xapanã	Azoani ou Sakpatá	Caviungo ou Cajanja	Kincongo
Xangô	Sogbo ou Badê ou Khebiosô	Zaze ou Kibuco	Kambaranguajê
Inhaçã ou Oyá	Não cultuam	Matamba	Nunvurucemavula ou Kaiangô
Yemanjá	Não cultuam	Dandalunda	Pandá ou Kailá ou Aziri Kaiá
Oxum	Aziri Tobossi	Kisimbi	Kiximbi
Ossaim	Não cultuam	Mene Panzu	Katendê
Nanã Burukê	Nanã	Nzumbarandá	Karamoxe
Ibeji	Hoho	Wunje	Wunje

AS SETE LINHAS DA UMBANDA

De todos os assuntos discutidos na Umbanda, um dos que mais provoca controvérsias é o das inúmeras linhas ou, mais propriamente, "pseudolinhas" de Umbanda que, via de regra, encontram-se nos mais diferentes terreiros ou federações, que procuram "criar" seus próprios conceitos sobre as sete linhas.

Erroneamente, costuma-se chamar Linha de Umbanda toda e qualquer manifestação espiritual. Determinadas pessoas costumam enquadrar espíritos que em vida pertenceram a determinadas categorias profissionais e regionais como pertencentes a certa linha de Umbanda. Exemplos disso são a "linha" de marinheiros e baianos.

Existem, ainda, os que consideram as mil e uma subdivisões existentes em uma mesma linha como sendo também uma linha de Umbanda. Como exemplos podem ser citadas a linha de Oxóssi e as "pseudolinhas" correspondentes, tais como: linha das Matas, linha de Pena Branca, linha de Jurema etc.

Sobre o assunto W. W. da Matta e Silva escreveu o seguinte, em 1957: "Reconheço que a Umbanda está "grávida" há 53 anos de sete filhas gêmeas. Numa gestação aflitiva... Um parto que os 'doutores do Santé ainda não conseguiram fazer'".

Leal de Souza classificou as Sete linhas da seguinte maneira:

LINHA DE OXALÁ (Nosso Senhor do Bonfim);

LINHA DE OGUM (São Jorge);

LINHA DE EUXOCE (São Sebastião);

LINHA DE SHANGÔ (São Jerônimo);

LINHA DE NHAN-SAN (Santa Bárbara);

LINHA DE AMANJAR (Nossa Senhora da Conceição);

LINHA DAS ALMAS ou LINHA DE SANTO.

Pelos conhecimentos da época, é uma interessante classificação. Vejam o que ele escreveu no livro *O Espiritismo, a Magia e as Sete Linhas da Umbanda*:

AS SETE LINHAS BRANCAS

A linha branca de Umbanda e demanda compreende sete linhas: a primeira, de Oxalá; a segunda, de Ogum; a terceira, de Euxoce; a quarta, de Xangô; a quinta, de Nhan-San; a sexta, de Amanjar; a sétima é a linha de santo, também chamada linha das almas.

Essas designações significam, na língua de Umbanda: a primeira, Jesus, em sua invocação de Nosso Senhor do Bonfim; a segunda, São Jorge; a terceira, São Sebastião; a quarta, São Jerônimo; a quinta, Santa Bárbara e a sexta, a Virgem Maria, em sua invocação de Nossa Senhora da Conceição. A linha de santo é transversal e mantém a sua unidade através das outras.

Cada linha tem o seu ponto emblemático e a sua cor simbólica. A de Oxalá, a cor branca; a de Ogun, a encarnada; a de Euxoce, verde; a de Xangô, roxa; a de Nhan-San, amarela; a de Amanjar, azul.

Oxalá é a linha dos trabalhadores humílimos; tem a devoção dos espíritos de pretos de todas as regiões, qualquer que seja a linha de sua atividade e é nas suas falanges, com Cosme e Damião, que em geral aparecem as entidades que se apresentam como crianças.

A linha de Ogun, que se caracteriza pela energia fluídica de seus componentes, caboclos e pretos da África, em sua maioria, contém em seus quadros as falanges de demanda.

A linha de Euxoce, também de notável potência fluídica, com entidades frequentemente dotadas de brilhante saber, é, por excelência, a dos indígenas brasileiros.

A linha de Xangô pratica a caridade sob um critério de implacável justiça: "quem não merece, não tem; quem faz paga".

A linha de Nhan-San consta de desencarnados que na existência terrena eram devotados a Santa Bárbara.

A linha de Amanjar é constituída dos trabalhadores do mar, espíritos das tribos litorâneas, de marujos, de pessoas que perecem afogadas no oceano.

Retomando as palavras de Leal de Souza temos:

Na falange geral de cada linha figuram falanges especiais, como na de Euxoce, a de Urubatan; e na de Ogun, a de Tranca Ruas, que são comparáveis às brigadas dentro das divisões de um exército.

Todas as falanges têm características próprias para que se reconheçam os seus trabalhadores quando incorporados. Não se confunde um Caboclo da falange de Urubatan com outro da de Araribóia, ou de qualquer legião.

As falanges dos nossos indígenas, com os seus agregados, formam o "povo das matas"; as dos marujos e mais os espíritos da linha de Amanjar, o "povo do mar"; os pretos africanos, o "povo da costa"; os baianos e mais negros do Brasil, o "povo da Bahia".

As diversas falanges e linhas agem em harmonia, combinando os seus recursos para eficácia da ação coletiva.

A organização de linhas e falanges obedecia a uma necessidade dos adeptos da Umbanda, que sincretizaram os Orixás com os santos católicos, no início da religião. Não se deve esquecer que, no final do século XIX e início do século XX, era comum classificar, racionalizar e organizar. Também é bom ressalvar que, nos cultos de nação, não existem as sete linhas. Linhas e falanges constituem divisões que agrupam as entidades em função de suas afinidades intelectuais e morais, sua origem étnica e, principalmente, segundo o estágio de evolução espiritual em que se encontram, no plano espiritual.

O terreiro é um órgão adaptador de consciências. Assim, quando perguntam a um filho de fé quais são as linhas da Umbanda, a maioria não saberá responder. O que sabem é que vão às sessões e recebem o Caboclo, o Preto Velho, a Criança, o Exu. Essa é a vivência popular do movimento umbandista.

Falam na linha dos Caboclos, dos Pretos Velhos, das Crianças, de Xangô, de Oxum, na linha do mar, da mata, das pedreiras, na linha dos Baianos, dos Marinheiros, dos Boiadeiros, dos Ciganos, dos Esquimós etc.

Nesses terreiros, as entidades do Astral Superior utilizam alimentos psíquicos, por meio de analogias simples, para que no futuro esses filhos de fé estejam já fortalecidos em seus conceitos mais puros e sutis. Essas adaptações visam interpenetrar o mental e o coração de todos, de forma serena e suave, de modo a não agredir o grau de consciência de cada um.

O quadro a seguir mostra cada uma das sete linhas, no aspecto tradicional, com as respectivas cores e entidades que se manifestam:

LINHA	COR	SINCRETISMO	ENTIDADES
OXALÁ	Branco	Jesus	Santos e santas em geral
YEMANJÁ	Azul	Nossa Senhora da Conceição	Entidades do mar, Caboclos, Marinheiros etc.
OGUM	Vermelho	São Jorge ou Santo Antônio	Caboclos, guerreiros em geral
OXÓSSI	Verde	São Sebastião	Caboclos
XANGÔ	Marrom	São Jerônimo	Caboclos
IBEJI	Azul ou rosa	São Cosme e São Damião	Crianças
AFRICANOS (OMULU ou OBALUAIÊ)	Preto e branco	São Lázaro e São Roque	Pretos Velhos e Pretas Velhas

Analisando as Sete Linhas da Umbanda, sob a ótica dos aspectos esotéricos, tem-se:

ORIXÁ	PAR VIBRATÓRIO	COR
OXALÁ	ODUDUA	Branco ou amarelo-ouro
OGUM	OBÁ	Alaranjado
OXÓSSI	OSSAIM	Azul
XANGÔ	INHAÇÃ (OYÁ)	Verde
YORIMÁ	NANÃ BURUQUÊ	Violeta
YORI	OXUM	Vermelho
YEMANJÁ	OXUMARÉ	Amarelo

A Umbanda é um grande cadinho, em que se amalgamam muitas consciências. Com certeza, há um conceito de sete linhas para cada grupo, sem que isso afronte seu grau de entendimento.

Por vezes, perguntam se os umbandistas cultuam santos ou Orixás. Não se trata de ser aqui dono da verdade, mas a vivência permite responder que cultuam santos e Orixás. Por exemplo: cultuam São Jorge e Ogum, achando que é a mesma entidade. Projetam mentalmente o Orixá Ogum na imagem de São Jorge, mas São Jorge não é Ogum e este não é São Jorge.

Matta e Silva explica que alguns santos católicos, principalmente alguns mártires do cristianismo, possuem importante função na grande lei da Umbanda; não na qualidade de santo, mas como Orixá Intermediário (senhor da luz), que está situado na função de chefia inerente a três planos: o de chefe de legião, chefe de falange e chefe de subfalange:

O autor diz ainda:

No entanto, os únicos que sabemos, por já termos comprovado na identificação dos verdadeiros sinais riscados da Lei de Pemba (a grafia celeste ou dos Orixás), através dos seus enviados incorporantes, são as entidades que se chamaram (quando no mundo da forma tiveram sua fase de sofrimento, martírio ou elevação espiritual e religiosa) Jorge, Sebastião, Jerônimo, Miriam ou Maria de Nazaré, Cosme e Damião e principalmente Jesus, que consideramos como Orixalá (Senhor da Luz de Deus), porque reflete diretamente a vibração original de Orixalá, o supremo "Khristos" e supervisiona essa linha, bem como as demais, em sua fase de ação no planeta Terra.

Com exceção de Jesus, os demais são Orixás não incorporantes que dirigem cada um uma legião, entre as sete que compõem uma linha. Assim, a entidade de Jorge é a que projeta sua identificação como Ogum de Lei (a justiça executante).

A entidade de Sebastião é a que projeta sua identificação como Caboclo Arranca Toco (em analogia com a árvore em que amarraram esse mártir).

Jerônimo se identifica como Xango Kaô (Kaô quer dizer o éter do Céu, a pedra do Céu e ainda o senhor que julga). Maria de Nazaré (aquela que teve a graça) se identifica como a Cabocla Yara ou a Mãe das Águas. Cosme e Damião (os puros, os iluminados pela bondade) se identificam como os próprios Cosme e Damião.

Essas identificações se processam por intermédio de enviados denominados Orixás Intermediários, com a mesma vibração e o mesmo nome de quando são incorporantes.

Para maiores detalhes sobre o tema, encaminha-se o prezado leitor para a obra *Umbanda de todos nós*, de W. W. da Matta e Silva.

AS ENTIDADES ESPIRITUAIS NA UMBANDA

Sob o aspecto das entidades espirituais, a Umbanda sustenta-se em três pilares: os Pretos Velhos, os Caboclos e as Crianças.

Alguns *Pretos Velhos* são espíritos de negros que viveram como escravos no Brasil. Essas entidades caracterizam-se pela humildade, pelo modo carinhoso com que tratam os consulentes, transmitindo calma e conforto. Gostam muito de conversar e esclarecer as dúvidas dos filhos de fé. Costumam fazer seus trabalhos magísticos para auxiliar os que necessitam de uma cura ou de um emprego. Durante as consultas, costumam fumar cachimbo, utilizando sua fumaça para a limpeza de vibrações negativas. Representam a força, a resignação, a sabedoria, o amor e a caridade. Os Pretos Velhos cativam pela humildade, pela paciência e pelo amor, como de um avô para com os filhos de Umbanda, que encontram nesses espíritos evoluídos o bálsamo necessário para continuarem sua luta diária.

Os *Caboclos* manifestam-se nas linhas de Oxóssi, Ogum, Xangô, Oxalá e Yemanjá. Alguns desses espíritos foram índios ou mestiços, quando encarnados. Essas entidades caracterizam-se pelo altruísmo e pela decisão. Em geral, dominam a arte das ervas, receitando banhos e defumações para a limpeza de seus filhos de fé e de suas casas. Utilizam, quando incorporados, os charutos, que possuem função semelhante à dos cachimbos dos Pretos Velhos. Essas entidades gostam de trabalhar junto à natureza, pois ali encontram as energias e os elementos necessários para suas curas espirituais e materiais. Alguns espíritos, embora em suas encarnações tenham vivido em outros países, manifestam-se na vibração dos Caboclos como, por exemplo, os índios americanos, os astecas, os maias e os incas.

As *Crianças* são espíritos puros que se manifestam na linha de Ibeji, transmitindo alegria e harmonia aos consulentes. Quando se manifestam, gostam de ser recebidos com doces, refrigerantes e brinquedos. Manifestam-se sob a roupagem de um espírito infantil, são muito amigas e têm grande poder espiritual. São conselheiros e curadores, por isso foram associados a Cosme e Damião, curadores que trabalhavam com a magia dos elementos. Em suas consultas, modificam e equilibram a vibração dos consulentes, regenerando os pontos de entrada de energia do corpo humano. Trazem mensagens de incentivo, leveza e muita sabedoria.

Além dessas entidades que constituem a sustentação magística da Umbanda, manifestam-se, ainda, os Baianos, os Boiadeiros, os Marinheiros, os Oguns, os Exus e os Ciganos.

Os *Baianos* são entidades em evolução e prestam um auxílio importante aos terreiros e aos seus frequentadores. Gradativamente, eles foram chegando e tomando conta do espaço que lhes foi dado pelo Astral, o qual aproveitaram de forma digna. Os conselhos dados aos consulentes e médiuns demonstram uma firmeza de caráter de quem soube aproveitar as lições recebidas.

Esses espíritos são bastante decididos e alegres, e costumam resolver com eficiência os casos de brigas, problemas entre casais etc. Estão sempre prontos para ajudar os consulentes com seus conselhos e sua proteção. Fumam charutos e cigarros de palha.

André Ricardo de Sousa cita: "A Umbanda segue em sua vocação aproveitando elementos culturalmente diversos e adaptando-se a realidades sociais diferentes. Nesse caráter camaleônico da religião, o culto aos baianos vem crescendo bastante nos últimos trinta anos".

Os Boiadeiros têm um modo de trabalhar peculiar, manejando o laço e chamando o gado, coisa que eles faziam com grande destreza na Terra. Representam a força de vontade, a liberdade e a determinação que existe no homem, além de sua necessidade de conviver com a natureza e os animais, sempre de maneira simples, mas com força e fé muito grandes. Trazem a descontração e fazem importantes descarregos, enquanto dançam. Costumam, com seus laços, criar verdadeiras espiras, nas quais "laçam" quiumbas que perturbam a paz dos encarnados. São os vaqueiros, boiadeiros, laçadores, peões e mestiços brasileiros e representam a própria essência da miscigenação do povo brasileiro. Utilizam cigarro de palha e charutos.

Os Marinheiros, que em terra ou no mar sempre se caracterizaram por gostar de bebidas alcoólicas, manifestam-se cambaleando de forma ondulada, balanceando, liberando seu poder energético por meio de ondas eletromagnéticas. São também muito alegres e, em alguns terreiros, praticam curas espirituais. Trabalham em descarregos, consultas, passes, no desenvolvimento dos médiuns e em outros trabalhos que envolvem demandas. Geralmente, quando se invocam os Marinheiros, invocam-se também as entidades do Povo da Água. Essas entidades não costumam falar e apenas emitem sons suaves e melodiosos.

Os Oguns ou Caboclos de Ogum são espíritos guerreiros que se manifestam na Linha de Ogum. Atuam na defesa dos filhos de fé, quebrando demandas e vínculos de trabalhos de magia negra. São os espíritos que ajudam a preservar a lei espiritual.

Os Ciganos são entidades que recentemente ganharam força nos terreiros de Umbanda. Seus fundamentos são simples, não possuindo assentamentos ou ferramentas para centralização da força espiritual. São valiosas suas contribuições para o bem-estar pessoal, social e sentimental, para a saúde e os equilíbrios mentais, físicos e espirituais. Manifestam-se para resolver os problemas dos consulentes, utilizando-se da magia de cristais, baralhos, moedas etc. Cultuam a natureza, os astros e os ancestrais. A protetora do povo cigano é Santa Sara Kali.

Além dessas entidades, manifestam-se também nos terreiros os guias orientais, que geralmente comandam trabalhos de cura. A falange do oriente tem como patrono São João Batista e é formada por diversas entidades de origem oriental. Apesar disso, muitos espíritos dessa falange podem apresentar-se como Caboclos ou Pretos Velhos. Contudo, nem todos os espíritos são orientais no sentido comum da palavra. Essa falange procurou abrigar as mais diversas entidades que, a princípio, não se encaixavam na matriz formadora do povo brasileiro. A falange do oriente tornou-se popular nas décadas de 1950 e 1960, quando as tradições budistas e hindus se firmaram entre o povo brasileiro. Os imigrantes chineses e japoneses, sobretudo, passaram a frequentar os terreiros de Umbanda e trouxeram seus ancestrais e costumes mágicos.

Como visto anteriormente, os Orixás constituem as chamadas Sete Linhas da Umbanda. As entidades espirituais agrupam-se em falanges ou correntes como, por exemplo, a falange de Ogum Beira Mar, a falange de Pena Branca, a falange de Pai Benedito etc.

É comum observar que diversos médiuns incorporam entidades com o mesmo nome. Isso ocorre porque muitas entidades costumam adotar o nome do chefe da falange. Por exemplo, as várias entidades que se apresentam com o nome de Caboclo Pena Branca, na realidade, não têm esse nome e utilizam o do chefe da falange, que é o Caboclo Pena Branca.

EXU E A KIMBANDA

Exu é aquele que faz o mal e o bem,
sem nenhum constrangimento.

Este é, sem dúvida, o assunto mais polêmico e confuso na Umbanda e no Candomblé, sendo raro encontrar opiniões iguais, pela variação de entendimento e de correntes de seguidores dentro dos cultos.

O termo Kimbanda[15] significa a polaridade executora da lei – a paralela passiva da Umbanda e não sinônimo de magia negra, como querem alguns. Tais ritos praticados com o nome de Kimbanda deveriam, na verdade, ser chamados de kiumbanda.[16]

Matta e Silva[17] explica que a Kimbanda é composta de legiões de espíritos na fase de elementares, ou seja, dos espíritos em evolução, dentro de certas funções kármicas e das condições que lhes são próprias.

A Kimbanda é comandada pelos Exus guardiões, espécie de *polícia de choque* para o baixo Astral, que combatem as legiões de seres espirituais insubmissos (kiumbas[18]), que estão debaixo de seu comando. Esses Exus guardiões executores da lei kármica são executores diretos das entidades superiores, tais como Caboclos, Pretos Velhos e Crianças. Seus comandados podem atuar em um médium com a finalidade de que ele só trabalhe com o dito Exu. Quando isso ocorre, diz-se que é um kimbandeiro, mas não no sentido inferior que lhe atribuem. Por meio de métodos mais densos, esse Exu e seu médium podem

---

15 Comumente grafado como Quimbanda.
16 O duplo aspecto da Kimbanda.
17 *Umbanda do Brasil.*
18 Comumente grafado como quiumbas. São espíritos atrasados de todas as classes, muitas delas até compostas pelos que ainda não encarnaram uma só vez. São chamados também de *rabos de encruza.* São perigosos, quando mistificam os Caboclos, Pretos Velhos, Crianças etc., e mesmo os próprios Exus. São os marginais do Astral.

praticar o bem. Apenas nesse caso, por afinidade, têm a proteção e a cobertura de um Exu de verdade que, embora em planos inferiores, vai incrementando em seu médium a evolução, de modo lento e gradual.

Exu não é algo tão simples de explicar como querem alguns pesquisadores ligeiros.

Aluízio Fontenelle[19] assim explica:

Os Exus exercem, desde os primórdios da criação do mundo, um domínio intenso sobre os homens e, pela lei da compensação, Deus permitiu aos descendentes que outros elementos, cuja denominação é conhecida como entidades guias espirituais, Orixás etc., lutem tenazmente contra os elementos do mal, para livrar-nos das perseguições e de tudo quanto nos retarda o progresso espiritual.

Oliveira Magno[20] cita que Exu é a energia ou força primitiva; é a substância prima; é o subconsciente de Deus; é o grande fluido ou energia que tudo abrange e envolve.

Entre os africanos yorùbá e fon, o princípio dinâmico da existência cósmica e humana é Exu. Liana Trindade[21] diz:

Exu é um princípio. Pertence e participa de todos os domínios da existência cósmica e humana. Ele representa e transporta o axé que designa, em Nagô, a força vital que assegura a existência dinâmica permitindo o acontecer e o devir.

É o representante deste axé encontrado em todos os elementos que define a ação e a estrutura desses elementos. Exu executa o transporte dessa força, mantendo a intercomunicação entre os diferentes domínios do Universo. O universo africano é concebido como energia expressa no conceito de força vital, que é única, e várias são suas manifestações, sendo transmitidas por intermédio de Exu aos seres e domínios do Universo. Roger Bastide[22] diz que Exu é a divindade dos caminhos horizontalmente ordenados no

---

19 *Exu.*
20 *A Umbanda esotérica e iniciática.*
21 *Exu! Poder e perigo!*
22 *O Candomblé da Bahia.*

Universo, mensageiro nas relações entre os deuses e dos caminhos verticais, estabelecendo as relações entre as diferentes categorias ordenadas.

Mestre Itaoman[23] explica que os mitos da criação dos yorùbá dizem que, no princípio, nada mais existia que Olorum no Aiyé.[24] Olorum era uma massa infinita de ar, terra e água. Movendo-se lentamente, uma parte dessa massa formou a lama, da qual se originou um rochedo avermelhado sobre o qual soprou Olorum, insuflando-lhe o hálito da vida. Assim, surgiu a primeira forma dotada de existência individual: *Exu Yangi*, o símbolo por excelência do elemento procriado. E, por relacionar-se com o infinito, ele é o mensageiro divino, o *Exu Ójisé*.

A ação magística de Exu tem forte implicação na superação de conflitos individuais, sendo a forma encontrada pelos seres humanos para contornar seus obstáculos. Por meio de categorias de pensamento mágico, Exu explica as contradições sociais e individuais, racionalizando no nível do imaginário as irracionalidades das estruturas sociais.

São comuns as oferendas a Exu. João de Freitas[25] cita que o *pahande*[26] de Exu é algo transcendente, que não está ao alcance de qualquer um. Ele simboliza a concentração de bilhões de moléculas desses fluidos da natureza, que se transformam em agentes astrais denominados Exus pela terminologia umbandista. O autor comenta, ainda, que colocar em um alguidar farofa de milho com azeite de dendê, em volta de um corpo inanimado de um animal e juntar-lhe charutos, caixas de fósforos e cachaça, não é nada. Qualquer pessoa pode fazê-lo. Já pedir licença, fazer a saudação e entregar o *pahande*, satisfazendo os preceitos ritualísticos, é uma missão que só o ogã de entrega é capaz de cumprir. Enquanto o ogã executa sua tarefa, a curimba vibra com os pontos cantados e os Exus atuam sobre as faculdades sensoriais dos médiuns.

O *pahande* de Exu, tal como descrito, que traduz o sentimento de gratidão das criaturas que foram beneficiadas por sua poderosa vibratória, é feitiçaria no conceito dos descrentes e é magia negra no conceito dos

---

23 *Pemba*: a grafia sagrada dos Orixás.
24 O mundo espiritual (nota do autor).
25 *Exu na Umbanda*.
26 Padê.

ignorantes. É necessário conhecer o objetivo para o qual se concentram aqueles sentimentos, de todos os matizes, em busca de paz, justiça e amor. É necessário conhecer os sofrimentos humanos em toda a sua extensão para compreender a finalidade de um *pahande* de Exu.

Muitas vezes, associa-se equivocadamente Exu ao diabo. Mas quem são os Exus?

Roger Bastide[27] comenta: ouvi os negros da Bahia protestarem contra o nome do diabo dado às vezes a Exu, porque percebem o que separa a figura do Exu da do demônio: 'Não, Exu não é o diabo, ele não é mau'".

No entanto, as constantes fragmentações ocorridas nas gerações subsequentes contribuíram para uma interpretação errada sobre Exu. Edison Carneiro diz: "Exu ou Elegara tem sido largamente mal interpretado. Tendo como reino todas as encruzilhadas, todos os lugares esconsos e perigosos deste mundo, não foi difícil encontrar-lhe símile no diabo cristão".

O autor escreve ainda:

Exu não é um Orixá – é um criado dos Orixás e um intermediário entre os homens e os Orixás, é exatamente por causa dessa sua qualidade que os candomblés começam por festejá-lo. Toda festa começa com o despacho de Exu (padê). Quando os negros dizem despachar Exu, empregam esse verbo no sentido de enviar, mandar. Exu é como o embaixador dos mortais. Tem por objetivo realizar os desejos dos homens – sejam bons ou maus – e cumpre a sua missão com uma precisão matemática, com uma eficácia e uma pontualidade jamais desmentidas. O despacho de Exu é uma garantia prévia de que o favor a pedir será certamente obtido.

Assim, sendo Exu o intermediário entre os seres humanos e os Orixás, não é difícil compreender por que, em todos os trabalhos de magia, a primeira oferenda lhe é dedicada, pois quem movimenta a magia nada pode fazer ou realizar sem recorrer a esse agente.

Mas não é só com o diabo que Exu é sincretizado. Às vezes, encontra sincretismo em Santo Antônio, porque induz à tentação, incita maus pen-

---

27 *As religiões africanas no Brasil.*.

samentos e perturba as cerimônias[28]. Também é sincretizado com São Bartolomeu porque, no dia 24 de agosto, dia desse Santo, costuma-se dizer que *todos os demônios estão soltos*.

Um sincretismo pouco usual é encontrado no Rio Grande do Sul, onde seu símile é São Pedro, pois esse santo é o porteiro do paraíso, responsável pelo tráfego das almas; assim, é ele quem abre e fecha os caminhos.

O termo "Exu" pode sofrer variações em função da nação africana que influenciou determinado candomblé. Assim, tem-se:

- Keto: *Exu*;
- Jeje: *Elegbará*;
- Angola: *Aluvaiá*;
- Congo: *Bombongira*.

Cavalcanti Bandeira faz a seguinte abordagem sobre os Exus:

O Candomblé, com sua base africanista, considera o Exu como Orixá desobediente, capaz de perturbar as cerimônias, por isso devendo ser afastado, não só dos trabalhos, como da localização dos "quartos de santos".

O Exu tem então a sua casa trancada a chave e com cadeado, num simbolismo dessa prisão, a qual fica próxima à entrada, por fora do prédio onde se realizam os rituais e sem estar sob o mesmo teto dos Orixás, razão ainda por que lhes são ofertados os primeiros sacrifícios para evitar quaisquer interferências ou perturbações nos trabalhos a desenvolver.

Surge, assim, um fundamento por todos aceito, permitindo ordenar alguns conceitos primários de que, aceitando ofertas e executando trabalhos, são dotados de algum conhecimento pelas suas manifestações, não sendo tão somente forças da natureza, mas não necessariamente almas humanas, num sentido reencarnacionista, sem levar em conta, ainda, a explicação do fundamento africano em sua irmandade com outros Orixás.

---

28 Santo Antônio teria sido perturbado por demônios.

O Exu é considerado então, pelos africanistas, como um mensageiro dos Orixás, ou uma força a ser mobilizada, sem a qual não se iniciam os trabalhos, pois lhe cabe dar a segurança nas tarefas, limpar o ambiente ou abrir os caminhos, o que não se consegue sem a sua permissão. É um guardião, uma sentinela pela qual se tem de passar, cumprimentar e agradecer.

Nos terreiros de Umbanda, ocorrem concepções diferentes havendo, no entanto, algumas ligações com a cultuação africanista que vão se diluindo com o passar do tempo.

Existem na Umbanda conceitos que requerem maiores esclarecimentos, como Exu pagão e o Exu batizado.

É necessário ingressar num campo de vidas anteriores, esboçando etapas da evolução em função do passado, que marcam as atuações no presente, num entrosamento seletivo com a intenção dos trabalhos, com sensibilidade mais nítida ante as pessoas que procuram a ajuda espiritual, indo numa escala desde a magia negra, da Quimbanda, aos trabalhos para o bem.

Este tipo de trabalho exige uma força semimaterial para poder penetrar nessas áreas poderosas, onde se localizam potências maléficas, necessitando, para combatê-las, de guardiões que possuem afinidade com esses meios através de suas vibrações.

Muitas entidades trabalham sob a denominação de Exu. Cada um, cada lugar tem o seu guardião, o seu Exu, que deve ser convocado para agir naquele campo de vibrações densas, pois tudo existe e age conforme a afinidade de cada meio em função da mente dos participantes, seja para o bem, seja para o mal.

Com exceção de alguns meios umbandistas, onde encontrarmos por vezes para Exu o fundamento africanista nítido, na maioria há uma função em torno do conceito de Exu-alma, daí a denominação de Exu pagão[29] e batizado [30]. São situações que os próprios nomes definem, pois o Exu pagão é tido como o marginal da espiritualidade, aquele sem luz, sem conhecimento da evolução, trabalhando na magia do mal e para o mal, em pleno reino da quimbanda sem que, necessariamente, não possa ser despertado para evoluir de condição.

29 Kiumba (nota do autor).
30 Exu de lei (nota do autor).

Já o Exu batizado, caracteristicamente definido como alma humana, sensibilizada para o bem, trilhando um caminho de evolução, trabalha, como se diz, para o bem, dentro do reino da quimbanda, por ser força que ainda se ajusta ao meio, nele podendo intervir, como um policial que penetra nos antros de marginalidade.

Há, portanto, uma ligação muito acentuada de escalas de evolução e situação espiritual, pois muitos revelam conhecimentos em demonstrar poderes curativos, distanciando-se do enquadramento de agentes do mal, numa progressão dentro do terreiro, feita através da mediunidade dos seus médiuns, que também evoluem paralelamente.

Não se deve, entretanto, confundir Exu com espírito zombeteiro, mistificador ou equivalentes, porque estes pertencem a outra classificação, como espíritos legítimos que o são, daí a denominação específica de quiumbas, definindo de maneira precisa esses espíritos obsessores ou perturbadores, passíveis de evolução quando doutrinados ou esclarecidos da situação em que se encontram.

O lado feminino de Exu manifesta-se através da Pombagira (proveniente do termo Bombojira). A Pombagira é explicada como sendo um espírito inferior, na maior parte dos casos estacionários, com o mesmo cortejo fálico e de vibrações densas, querendo ser comprada, por ser a mulher mais perseverante no seu conservadorismo, mas algumas aceitam o caminho evolutivo, dependendo do médium em que incorporam.[31]

Os Exus são, então, enquadrados sob os seguintes aspectos:
- Orixá desobediente;
- Alma ainda ligada à natureza;
- Espírito maléfico estacionário;
- Espírito a caminho da evolução.

Vejamos, a seguir, a opinião de Zélio de Moraes sobre Exu, em uma entrevista com Lilia Ribeiro:[32]

---

31 Também existem quiumbas femininos.
32 Revista *Gira de Umbanda*, n. 1.

Considera o Exu um espírito trabalhador como os outros?

O trabalho com os Exus requer muito cuidado. É fácil ao mau médium dar manifestação como Exu e ser, na realidade, um espírito atrasado, como acontece também na incorporação de Criança. Considero o Exu um espírito que foi despertado das trevas e, progredindo na escala evolutiva, trabalha em benefício dos necessitados. O Caboclo das Sete Encruzilhadas ensinava que Exu é, como na polícia, o soldado. O chefe de polícia não prende o malfeitor; o delegado também não prende. Quem prende é o soldado, que executa as ordens dos chefes. E o Exu é um espírito que se prontifica a fazer o bem, porque cada passo que dá em benefício de alguém é mais uma luz que adquire. Atrair o espírito atrasado que estiver obsedando e afastá-lo é um dos seus trabalhos. E é assim que vai evoluindo. Torna-se, portanto, um auxiliar do Orixá.

Percebe-se, nas palavras de Zélio, que o Exu é um espírito que não necessariamente faz o mal. Muitos espíritos atrasados (quiumbas) baixam nos terreiros, fazendo-se passar pelos verdadeiros Exus.

Exu é o agente cósmico necessário, equilibrador entre as coisas passivas e ativas, entre as coisas que são e serão. De acordo com os aspectos esotéricos da Umbanda, cada Orixá tem seu agente cósmico:

ORIXÁ	AGENTE CÓSMICO (EXU)
OXALÁ	EXU SETE ENCRUZILHADAS
OGUM	EXU TRANCA RUAS
OXÓSSI	EXU MARABÔ
XANGÔ	EXU GIRAMUNDO
YORIMÁ	EXU PINGA FOGO
YORI	EXU TIRIRI
YEMANJÁ	EXU POMBAGIRA

Cada um destes agentes cósmicos possui seus chefes de legião:

EXU SETE ENCRUZILHADAS:
Exu Sete Pembas;
Exu Sete Ventanias;
Exu Sete Poeiras;
Exu Sete Chaves;
Exu Sete Capas;
Exu Sete Cruzes.

EXU MARABÔ:
Exu Capa Preta;
Exu Lonan;
Exu Bauru;
Exu das Matas;
Exu Campina;
Exu Pemba.

EXU PINGA FOGO:
Exu do Lodo;
Exu Brasa;
Exu Come Fogo;
Exu Alebá;
Exu Bara;
Exu Caveira.

EXU POMBAGIRA:
Exu Carangola;
Exu Ma Cangira;
Exu Nanguê;
Exu Maré;
Exu Gererê;
Exu do Mar.

EXU TRANCA RUAS:
Exu Veludo;
Exu Tira Toco;
Exu Porteira;
Exu Limpa Tudo;
Exu Tranca-Gira;
Exu Tira Teima.

EXU GIRAMUNDO:
Exu Meia-Noite;
Exu Quebra Pedra;
Exu Ventania;
Exu Mangueira;
Exu Corcunda;
Exu das Pedreiras.

EXU TIRIRI:
Exu Mirim;
Exu Toquinho;
Exu Ganga;
Exu Manguinho;
Exu Lalu;
Exu Veludinho.

Cada um destes quarenta e nove Exus tem também seu grupo de sete guardiões, que podem ou não utilizar os mesmos nomes dos chefes de legião e assim por diante.

São muito importantes as funções do Exu Caveira e seu comandado Exu Tranca Ruas das Almas, que faz a intermediação da Kimbanda com a kiumbanda. Ele tem acesso a essas zonas inferiores e é um ser de grande poder de irradiação mentalizadora e de frenação. É o coordenador das energias livres, existentes nos cemitérios, matadouros etc. Essas energias livres, quando bem direcionadas, são de grande utilidade, inclusive para pessoas desvitalizadas e evitam que seres de baixo nível[33] as utilizem para fins deletérios.

O Exu Pombagira tem função importantíssima na higienização sensual do Planeta. Dos sete Exus, a Senhora Pombagira é a única mulher, o que deu aos apressados pensarem que ela é *mulher de sete Exus.*

Em um terreiro de Umbanda bem dirigido moralmente, os Exus de lei executam as ordens de Caboclos, Pretos Velhos e Crianças, ou seja, aplicam a lei, que para muitos pode ser interpretada como um mal, dependendo de sua condição kármica. Exu está acima do bem e do mal; não é bom nem mau, é justo. Exu é o senhor da magia, o saneador planetário.

Para mais detalhes sobre o tema, remeta-se, leitor, para o livro *Você sabe o que é macumba? Você sabe o que é Exu?* de autoria de Diamantino Fernandes Trindade.

---

33 Quiumbas.

VIBRATÓRIAS ESPIRITUAIS DE ACORDO COM OS CONCEITOS ESOTÉRICOS DA UMBANDA

Dentro dos conceitos esotéricos da Umbanda, as sete essências espirituais são expressas por meio de pares vibracionais. A polaridade dos Orixás é dual, mas assim só se expressam no Universo Astral por meio da manifestação nos chamados eterno masculino e eterno feminino.

ORIXÁ	PAR VIBRATÓRIO
OXALÁ	ODUDUA
OGUM	OBÁ
OXÓSSI	OSSAIM
XANGÔ	OYÁ OU INHAÇÃ
YORIMÁ	NANÃ BURUQUÊ
YORI	OXUM
YEMANJÁ	OXUMARÉ

Cada uma dessas vibrações está associada a determinadas relações vibratórias.

VIBRATÓRIA DE ORIXALÁ (OU OXALÁ)

Esta vibratória é a detentora da luz espiritual que ilumina toda a corrente astral de Umbanda.

Significado: a luz do Senhor Deus
Cor vibratória: branco ou amarelo-ouro
Geometria sagrada: ponto geométrico
Número sagrado: 1
Signo zodiacal: Leão
Astro regente: Sol
Dia propício: domingo
Elemento: fogo
Pontos cardeais: sul e sudeste
Metal: ouro
Mineral: cristais brancos
Horário vibratório: das 9 horas às 12 horas
Essência volátil: sândalo
Flores sagradas: maracujá e girassol
Erva sagrada: oliveira
Erva de Exu: guiné

Figura 1: Ideograma de Orixalá.

VIBRATÓRIA DE OGUM

Esta vibratória é manipuladora dos elementos aquosos. Ogum é o senhor primaz da água.

Significado: o fogo da glória ou da salvação
Cor vibratória: alaranjado
Geometria sagrada: heptágono
Número sagrado: 7
Signos zodiacais: Áries e Escorpião
Astro regente: Marte
Dia propício: terça-feira
Elementos: fogo e água
Pontos cardeais: sul e oeste
Metal: ferro
Minerais: rubi e água-marinha
Horário vibratório: das 3 horas às 6 horas
Essências voláteis: cravo e tuberosa
Flor sagrada: cravo vermelho
Erva sagrada: jurubeba
Erva de Exu: espada de São Jorge

Figura 2: Ideograma de Ogum.

VIBRATÓRIA DE OXÓSSI

Esta vibratória é manipuladora dos elementos aéreos. Oxóssi é o senhor primaz do ar.

Significado: o senhor da força envolvente
Cor vibratória: azul
Geometria sagrada: hexágono
Número sagrado: 6
Signos zodiacais: Touro e Libra
Astro regente: Vênus
Dia propício: sexta-feira
Elementos: terra e ar
Pontos cardeais: norte e leste
Metal: cobre
Minerais: lápis-lazúli e turmalina
Horário vibratório: das 6 horas às 9 horas
Essências voláteis: violeta e jasmim
Flor sagrada: palmas
Erva sagrada: erva-doce
Erva de Exu: sabugueiro

Figura 3: Ideograma de Oxóssi.

VIBRATÓRIA DE XANGÔ

Esta vibratória tem como atividade espiritual fazer cumprir a lei kármica. Xangô é o senhor primaz do fogo.

Figura 4: Ideograma de Xangô.

Significado: o senhor dirigente das almas
Cor vibratória: verde
Geometria sagrada: quadrado
Número sagrado: 4
Signos zodiacais: Peixes e Sagitário
Astro regente: Júpiter
Dia propício: quinta-feira
Elementos: água e fogo
Pontos cardeais: oeste e sul
Metal: estanho
Minerais: ametista e topázio
Horário vibratório: das 15 horas às 18 horas
Essências voláteis: mirra e heliotrópio
Flor sagrada: lírio branco
Erva sagrada: louro
Erva de Exu: folhas de mangueira

VIBRATÓRIA DE YORIMÁ

Yorimá é o senhor primaz da terra. Sua função é orientar as criaturas humanas nos caminhos da fé e da evolução, alcançadas pela humildade e sabedoria.

Figura 5: Ideograma de Yorimá.

Significado: potência do verbo iluminado
Cor vibratória: violeta
Geometria sagrada: pentágono
Número sagrado: 5
Signos zodiacais: Capricórnio e Aquário
Astro regente: Saturno
Dia propício: sábado
Elementos: terra e ar
Pontos cardeais: norte e leste
Metal: chumbo
Minerais: hematita e turquesa
Horário vibratório: das 21 horas à meia-noite
Essências voláteis: eucalipto e erva-cidreira
Flor sagrada: dálias escuras
Erva sagrada: eucalipto
Erva de Exu: vassoura preta

VIBRATÓRIA DE YORI

Yori é o senhor do princípio espiritual manifesto no princípio natural, ou seja, o princípio manifestado na forma.

Figura 6: Ideograma de Yori.

Significado: a potência em ação do verbo
Cor vibratória: vermelho
Geometria sagrada: triângulo
Número sagrado: 3
Signos zodiacais: Gêmeos e Virgem
Astro regente: Mercúrio
Dia propício: quarta-feira
Elementos: ar e terra
Pontos cardeais: leste, nordeste, noroeste e centro
Metal: mercúrio
Minerais: esmeralda e granada
Horário vibratório: das 12 horas às 15 horas
Essências voláteis: alfazema e benjoim
Flor sagrada: crisântemo branco
Erva sagrada: manjericão
Erva de Exu: pitanga

VIBRATÓRIA DE YEMANJÁ

Yemanjá, a senhora da energia mental, é a potência geradora das almas, a transformadora da substância etérica.

Figura 7: Ideograma de Yemanjá.

Significado: o princípio natural
Cor vibratória: amarelo
Geometria sagrada: reta
Número sagrado: 2
Signo zodiacal: Câncer
Astro regente: Lua
Dia propício: segunda-feira
Elementos: água
Pontos cardeais: oeste e sudoeste
Metal: prata
Minerais: ágata e cristais leitosos
Horário vibratório: das 18 às 21 horas
Essência volátil: verbena
Flor sagrada: rosas brancas
Erva sagrada: panaceia
Erva de Exu: bananeira

O horário vibratório de Exu é da meia-noite às 3 horas.

PONTOS CANTADOS

Os pontos cantados são formas de oração entoadas nos rituais de Umbanda, com a finalidade de obter-se harmonia de vibrações com as entidades que se manifestam nos terreiros e também com os Orixás. Existem, ainda, os pontos cantados para trabalhos específicos, como pedidos de proteção, descarregos etc.

Os terreiros possuem um grupo de pessoas que formam a chamada curimba, a qual entoa os pontos cantados. Muitas dessas curimbas possuem atabaques, agogôs e outros instrumentos musicais, que, muito utilizados nas macumbas cariocas, foram introduzidos nos rituais umbandistas na Tenda Espírita São Jorge, na década de 1930.

Na Tenda Nossa Senhora da Piedade, os pontos sempre foram cantados sem a utilização desses instrumentos, inclusive sem a utilização das palmas, batendo-se os pés no assoalho de madeira.

João Severino Ramos, dirigente da Tenda São Jorge, fundada por ordem do Caboclo das Sete Encruzilhadas, escreveu em 1953 o livro *Umbanda e seus cânticos*, em que fez um levantamento sobre os pontos mais cantados na Tenda Nossa Senhora da Piedade e suas afiliadas. A seguir, suas palavras:

Os pontos cantados da Umbanda são verdadeiras preces. Provocam vibrações mentais homogêneas que se aglutinam e formam uma corrente fluídico-magnética propícia à eficiência maior dos trabalhos experimentais. Como hino ou evocação, os pontos podem ser de atração ou afastamento; de alegria ou de luta; de festa ou de demanda etc. Sua finalidade é, porém, sempre, a de reunir, homogeneizar pensamentos.

Apresentam-se, aqui, alguns pontos que são muito cantados nos terreiros de Umbanda. Alguns deles sofrem algumas alterações de terreiro para terreiro.

PONTOS DE OGUM

Beira-mar, auê, beira-mar
Beira-mar, quem está de ronda é
militar
Ogum já jurou bandeira
Na ponta de Humaitá
Ogum já venceu demanda
Vamos todos saravá!

Ogum Yara, Ogum Megê
Olha, Ogum Rompe Mato, auê
Ogum Yara, Ogum Megê
Oi, cangira de Umbanda, auê
Capitão do mato mandou me
chamar
Tempo não tenho, caminhos há
Olha o militar, quem está de ronda
é militar
Olha, Ogum está de ronda
Miguel está chamando
Eu não sei onde é é é
Oi, me diz onde é é é
Oi, pombinha de fé é é é
Oi, me diz onde é é é

Que cavaleiro é aquele
Que vem navegando sobre o mar
azul?
É Seu Ogum Matinata
Que vem defender
O Cruzeiro do Sul
Ê ê ê
Ogum ê
Ê ê a
Ogum meu pai
Ê ê ê
Seu cangira
Pisa na Umbanda

Eu tenho sete espadas pra me
defender

Eu tenho Ogum na minha
companhia
(bis)
Ogum é meu pai
Ogum é meu guia
Ogum é meu pai
Vivo com Deus e a Virgem Maria

Ogum olha sua bandeira
É branca, é verde, é encarnada
Ogum, nos campos de batalha
Ele venceu a guerra
Sem perder soldados

Seu Ogum beira-mar
O que trouxe do mar?
Seu Ogum beira-mar
O que trouxe do mar?
Quando ele vem
Beirando areia
Traz na mão direita
O rosário de mamãe sereia

PONTOS DE YEMANJÁ

Quem quer me ver sobre a terra?
Quem quer me ver sobre o mar?
Sou a cabocla Jandira
Sou a sereia do mar
Eruê ruê ruê
Eruá ruá rua
Eruê ruê, Jandira

Hoje é dia de Nossa Senhora
De nossa mãe Yemanjá
Olundaê, ê, ê
Olunda á, á, á
Brilham as estrelas do céu
Brilham os peixinhos do mar
Olundaê, ê, ê
Olunda á, á, á

Baixou, baixou
A Virgem da Conceição
Maria Imaculada
Para tirar a perturbação
Se tiveres praga de alguém
Desde já seja perdoado
Levando pro mar adentro
Pras ondas do mar sagrado

Eu vou jogar
Vou jogar flores no mar
Eu vou jogar
Uma promessa eu fiz
Para Deus me ajudar
Vou pedir, vou vencer
Vou vencer, vou pagar
Eu vou jogar
Vou jogar flores no mar
Eu vou jogar

Ê, ê, Yemanjá
Ê, ê, Yemanjá
Rainha das ondas, sereias do mar
Rainha das ondas, sereias do mar
Como é lindo o canto de Yemanjá
Faz até o pescador chorar
Quem ouvir a mãe d'água cantar
Vai com ela pro fundo do mar
Ê, ê, Yemanjá
Ê, ê, Yemanjá
Rainha das ondas, sereias do mar
Rainha das ondas, sereias do mar

Saia do mar
Minha sereia
Saia do mar
Venha brincar na areia
Saia do mar
Sereia bela
Saia do mar
E venha brincar com ela

PONTOS DE OXÓSSI

Eu corri terra, eu corri mar
Até que cheguei aqui no meu
congá
Ora viva Oxóssi na mata
Que a folha da Jurema
Ainda não caiu

A mata estava escura
E um anjo alumiou
No seio da mata virgem
Quando Oxóssi chegou
Ele é rei, ele é rei, ele é rei
Ele é rei, na Aruanda ele é rei

Com tanto pau na mata
Eu não tenho guia
Caboclo Araraguaia
Vai buscar a guia!

Mas ele é capitão da Marambaia
Mas ele é capitão da Marambaia
Mas ele é capitão da Marambaia
Mas ele é seu Oxóssi na Arucaia

Caboclo roxo da cor morena
O seu Oxóssi é caçador lá da
Jurema
Ele jurou, e ele jurará
Pelos conselhos que a Jurema veio
dar

A mata estava escura
Um anjo alumiou
No meio da mata virgem
Quando o Seu Oxóssi chegou
Mas ele é o rei
Ele é o rei
Ele é o rei
Mas ele é o rei
Na Aruanda ele é o rei

Atira, atira, eu atirei
Na bamba eu vai atirar
Ele é Caboclo, ele é flecheiro
Bumba na calunga
É caçador de feiticeiro
Bumba na calunga
Quando vai firmar seu ponto
Bumba na calunga
Ele vai firmar é lá na Angola
Bumba na calunga

PONTOS DE XANGÔ

Lá do alto da pedreira
A faísca vem rolando
Aguenta essa gira de força
Que a faísca vem queimando

Eu vi Santa Bárbara e Xangô-ô
A trovoada roncou lá no mar
Olha a mujinga de congo-ê-ê-ê
Olha a mujinga de congo-ah-á-á

Eu vi Santa Bárbara e Xangô
Sentados em cima da pedra
Olham seus filhos que vão pra
guerra
Olham seus filhos que vão pra
guerra

Pedra rolou
Lá na pedreira
Segura a pedra, meu pai
Na cachoeira
Tenho meu corpo fechado
Xangô é meu protetor
Firma meu corpo
Meu pai
Pai de cabeça chegou

Por de trás daquela serra
Tem uma linda cachoeira

Por de trás daquela serra
Tem uma linda cachoeira
É onde mora o meu Pai Xangô
Que arrebentou sete pedreiras

PONTOS DE INHAÇÃ (OYÁ)

Moça bonita
Como brilha a sua espada
Ao cruzar esse imenso céu azul
Cortando as nuvens
E trazendo a vida
Ela é guerreira do exército de
Ogum
Inhaçã, linda guerreira
Proteja os seus filhos
Com a luz da lua cheia

Eram duas ventarolas
Duas ventarolas
Que ventavam no mar
Uma era Inhaçã
Eparrei
A outra era Yemanjá
Odo-Iá

Ela é uma moça bonita
Ela é dona do Jacutá
Eparrê, eparrê, eparrê
Minha mãe tá no reino
Com a pemba na mão
E eu quero ver

Inhaçã, o seu leque é de ouro
Vem do céu, Oxalá quem mandou
Para salvar os seus filhos Inhaçã
Na hora da agonia e da dor

Inhaçã, cadê Oxum?
Oxum está nas ondas do mar
Ela é dona do congá
Salve Oxum Nanã

Oh, minha Santa Bárbara!
É hora
Filhos de Umbanda, mamãe
Sempre aqui choram

Inhaçã tem um leque de penas
Pra abanar em dia de calor
Inhaçã tem um leque de penas
Pra abanar em dia de calor
Inhaçã mora nas pedreiras
Eu quero ver meu Pai Xangô
Inhaçã mora nas pedreiras
Eu quero ver meu Pai Xangô

PONTOS DE NANA BURUQUÊ

Atraca, atraca
Que aí vem Nanã, ê, á
Atraca, atraca
Quem aí vem Nana, ê, á
É Nana, é Oxum
É quem vem, saravá, ê, á
É Nana, é Oxum, é Mamãe
Yemanjá

Oh, Nanã, cadê Oxum?
Oxum é das ondas do mar
Ela é dona do congá
Salve Oxum, Nanã!

Nanã das águas paradas
É mãe dos Orixás,
Nanã, afasta essas magoas
Me afaga para eu não chorar
Nanã que tem amor no peito
Daí um jeito de a tristeza passar,
Nanã que tem amor no peito
Daí um jeito de a tristeza passar

Nanã, vim aqui pra te ver, vim
trazer essas flores para lhe oferecer
Nanã, vim aqui pra te ver, vim

trazer essas flores para lhe oferecer
São flores, Nanã, são flores
São flores pra lhe oferecer
São flores, Nanã, são flores
Pro vosso filho Obaluaiê

PONTOS DE OXUM

Eu vi Mamãe Oxum na cachoeira
Junto com meu Pai Oxalá
Colhendo lírios, lírio, ê
Colhendo lírios, lírio, á
Colhendo lírios
Para enfeitar nosso congá

Oi, me leva
Pras ondas grandes
Eu quero ver as sereias cantar
Eu quero ver os caboclinhos na
areia
Oi, como brincam com Yemanjá
Aruê, ê, ê, êeee
Aruê, mamãe é dona do mar
Aruê, ê, ê, êeee
Aruê, mamãe é dona do mar

PONTOS DE OXALÁ

Oxalá, meu Pai
Tem pena de nós, tem dó
A volta do mundo é grande
Seu poder ainda é maior

Saravá sua banda!
Saravá seu conga!
E São Salvador e meu Pai Oxalá

É de credo em credo
É de credo em cruz
Cruzai vossos filhos
Em nome de Jesus

Deus salve os nossos guias
Pela glória desse dia
Em vim aqui
Pedir a Oxalá
E à estrela-guia
Que aumente a nossa luz
Que nós possamos alcançar
As belas vibrações deste congá

Estrela do céu
Que guiou nosso pai
Guiai este filho
no caminho que vai
Estrela do céu
Que te disse o guaiá
Povo de Umbanda
Que povo será?
Povo de Umbanda
Que está no congá

PONTOS DE COSME E DAMIÃO

São Cosme e São Damião
Sua santa já chegou
Vem lá do fundo do mar
Que Santa Bárbara mandou
Dois-dois, sereia do mar
Dois-dois, Mamãe Yemanjá
Dois-dois, sereia do mar
Dois-dois, meu Pai Oxalá

A estrela e a lua
São duas irmãs
Cosme e Damião
Também são irmãos
Estrela! Estrela!
A estrela e a lua
São duas irmãs
Cosme e Damião
Também são irmãos

Cosme e Damião,
Damião, cadê Doum?
Doum foi passear lá no cavalo de
Ogum
Cosme e Damião,
Damião, cadê Doum?
Doum foi passear lá no cavalo de
Ogum
Dois-dois, sereia do mar
Dois-dois, Mamãe Yemanjá
Dois-dois, sereia do mar
Dois-dois, Mamãe Yemanjá

Cosme e Damião
A sua casa cheira
Cheira a cravo, cheira à rosa
Cheira à flor de laranjeira
Cosme e Damião
O que é que eu vou comer?
Peixe da maré,
Com azeite de dendê

Bahia é terra de dois
Terra de dois irmãos
Governador da Bahia
É Cosme e Damião
Bahia é terra de dois
Terra de dois irmãos
Governador da Bahia
É Cosme e Damião

PONTOS DE OBALUAIÊ

Meu Pai Oxalá
É o rei, venha me valer
Meu Pai Oxalá
É o rei, venha me valer
O velho Omulu
Atotô Obaluaê
Atotô Obaluaê
Atotô Obaluaiê
Atotô Babá

Atotô Obaluaiê
Atotô é Orixá

Vem chegando um velhinho
Para lhe abençoar
Vem chegando um velhinho
Para lhe abençoar
Velho atotô, Pai Oxalá
Velho atotô, Pai Oxalá
Oxalá é o rei do mundo
Oxalá é o meu senhor
Omolu, dono da peste
Obaluaiê, atotô
Um passarinho cantava longe
E, de repente, ele voou
Era um velho caminhando na
estrada
Era o velho Omolu, atotô

PONTOS DO POVO DO MAR

Hoje é dia de Nossa Senhora
Da nossa Mãe Yemanjá
Oh, luna hê-ê-ê
Oh, luna ah-á-á-á
Brilham as estrelas no céu
Brincam os peixinhos no mar
Oh, luna hê-ê-ê
Oh, luna ah-á-á-á

Quem quer me ver sobre a terra?
Quem quer me ver sobre o mar?
Sou a Cabocla Jandira
Sou a sereia do mar
Ei-uei-uei
Ei-uei-uei! ah!
Ei-uei-uei
Jandira

Caboclo, Caboclo
Das ondas do mar
Quero ver esta demanda
Que Caboclo vai ganhar!

PONTOS DE PRETOS VELHOS

Pinto piou na calunga
Galo cantou lá na Angola
Olha congo que vem de Carangola
Trazendo miçangas em sua sacola
Olha congo que vem de Carangola
Botando os inimigos de porta pra
fora

Pai Joaquim, êh! êh...
Pai Joaquim êh! ah!...
Pai Joaquim vem lá da Angola
Pai Joaquim é de Angola, Angola

Bate, bate na cumbuca
Repenica no congá
Chega minha povo
E vamos trabalhar

Dá licença, Pai Antônio
Que eu não vim lhe visitar
Eu estou muito doente
Vim pra você me curar
Se a doença for feitiço
Pula lá em seu congá
Se a doença for de Deus
Pai Antônio vai curar
Coitado de Pai Antônio
Preto Velho curador
Foi parar na detenção
Por não ter um defensor
Pai Antônio é quimbanda
É curador
É pai de mesa
É curador
É pai de mesa
É curador
Pai Antônio é quimbanda
É curador

Lá vem vovó descendo a serra
Com a sua sacola
Ela traz a pemba
Ela traz a toalha
Ela vem de Angola
Eu quero ver vovô
Eu quero ver vovó
Eu quero ver se filho de Umbanda
Tem querer

Vovó não quer
Casca de coco no terreiro
Vovó não quer
Casca de coco no terreiro
Para não lembrar
Dos tempos de cativeiro

PONTO DAS ALMAS

Eu andava perambulando
Sem ter nada para comer
Fui pedir às santas almas
Para vir me socorrer
Foi as almas que me ajudou
Foi as almas que me ajudou
Meu Divino Espírito Santo
Viva Deus Nosso Senhor!

PONTOS DE BAIANOS

Bahia
Oh, África!
Venha nos ajudar
Bahia
Oh, África!
Venha nos ajudar
Povo baiano, povo africano
Vem cá para nos ajudar

Quem tem baiano
Agora que eu quero ver
Firma seu ponto

Com azeite de dendê
Eu quero ver a baianada de
Aruanda
Trabalhando na Umbanda
Pra quimbanda não vencer
Eu quero ver a baianada de
Aruanda
Trabalhando na Umbanda
Pra quimbanda não vencer

Na Bahia tem
Já mandei buscar
Lampião de vidro
Oi, Sá Dona
Para trabalhar... oooo

Oh, meu Senhor do Bonfim
Valei-me São Salvador
Vamos salvar nossa gente
Povo da Bahia já chegou
Oi, na Bahia ninguém pode com
baiano
Oi, na Bahia ninguém pode com
baiano
Quebra coco, rebenta sapucaia
Quero ver quem pode mais
Quebra coco, rebenta sapucaia
Quero ver quem pode mais

PONTOS DE BOIADEIROS

Me chamam boiadeiro
Boiadeiro eu não sou não
Eu sou laçador de gado
Boiadeiro é meu patrão
Chetuá, Chtuá
Corda de laçar meu boi
Getuê, getuá
Corda de meu boi laçar

Boiadeiro, prenda seu gado
Não deixe beber dessa fonte

Eu venho de muito longe
Atravessei sete montes
Quando atravessei o rio
Eu vi meu gado na fonte
Sou laçador, senhor do sertão
No meu cavalo, trago laço na mão

Seu boiadeiro, por aqui choveu
Seu boiadeiro, por aqui choveu
Choveu, relampeou
Foi nessa água que meu boi nadou
Mas,
Seu boiadeiro, por aqui choveu
Seu boiadeiro, por aqui choveu
Choveu, relampeou
Foi nessa água que meu boi nadou
Seu boiadeiro, por aqui choveu
Choveu que água rolou
Foi nessa água que meu boi nadou
Foi nessa água que meu boi nadou
Seu boiadeiro, cadê sua boiada?
Sua boiada ficou em Belém
Chapéu de couro ficou lá também
Chapéu de couro ficou lá também

PONTOS DE MARINHEIROS

Seu marinheiro
Que vida é a sua?
Tomando cachaça
Caindo na rua
Eu bebo, sim
Eu bebo muito bem
Bebo com meu dinheiro
Não devo nada a ninguém

O Cirandeiro
Cirandeiro ó
O Cirandeiro
Cirandeiro ó
A pedra do seu anel
Brilha mais que ouro em pó

A pedra do seu anel
Brilha mais que ouro em pó

Seu Martim Pescador
Que vida é a sua?
É bebendo cachaça
Caindo na rua
Eu também sei nadar
Eu também sei nadar no mar
Eu também sei nadar
Eu também sei nadar no mar
Eu também sei, também sei,
também sei nadar
Eu também sei, também sei,
também sei nadar
Na barra vi só dois navios
Perguntando se podia entrar
A barra já está tomada, seu marujo
Nessa barra aqui quem manda é
Oxalá
A barra já está tomada, seu marujo
Nessa barra aqui quem manda é
Oxalá

PONTOS DE EXU

É Exu! Ora pisa no toco, ora piso
no galho
Ora pisa no toco, ora pisa no galho
Segura a macumba, mas eu não
caio, oh! Ganga
Eh! Eh! ô
Ele pisa no toco de um galho só
Eh! Eh! ô
Ele pisa no toco de um galho só

A bananeira que eu plantei à meia-
noite
E que deu cacho à beira do terreiro
Eu quero ver esse cabra que é
maluco
Que risca ponto contra feiticeiro

Exu! Exu!
Oh! Diz Exu da encruzilhada
Exu! Exu!
Sem Exu não se faz nada

Na porteira de Belém
Já bateu um sino só
Olha lá meu galo preto
Vai bater no carijó

Exu Tiriri de Umbanda
Mora na encruzilhada
Toma conta e presta conta
Ao romper da madrugada

O sino da igrejinha faz belém blem
blom
O sino da igrejinha faz belém blem
blom
Deu meia-noite e o galo já cantou
Exu (nome) que é o dono da gira
Oi, corre gira
Que Ogum mandou

PONTOS DE ABERTURA

Eu vou pedir licença a Deus
Para abrir esta Aruanda
Diz Santo Antônio: "Corre,
Umbanda"
São Benedito vem correndo
Eu vou abrir minha Jurema
Vou abrir meu Jurema
Eu vou abrir minha Jurema
Vou abrir meu Juremá
Com a licença de Mamãe Oxum
E nosso Pai Oxalá
Com a licença de Mamãe Oxum
E nosso Pai Oxalá
Eu já abri minha Jurema
Já abri meu Jurema
Eu já abri minha Jurema

Já abri meu Juremá
Com a licença de Mamãe Oxum
E nosso Pai Oxalá
Com a licença de Mamãe Oxum
E nosso Pai Oxalá

PONTO DE ENCERRAMENTO

Eu vou pedir licença a Deus
Para encerrar esta Aruanda
Diz Santo Antônio: "Corre,
Umbanda"
São Benedito vem correndo

PONTOS DE DESPEDIDA

Cadê a sua pemba?
Cadê a sua guia?
Sua terra é muito longe
Seu congá é na Bahia
Cadê a sua pemba?
Cadê a sua guia?
Seu baiano vai embora
Vai daqui para a Bahia

Preto Velho vai embora
Vai subindo para o céu
E Nossa Senhora
Vai cobrindo com véu

Já foi o sol
Já vem a lua
Em vim girar
Eu vim girar
Na linha de Umbanda
Em vim girar
Já vem o sol
Já vem a lua
Eu vou girar
Eu vou girar

Na encruzilhada
Eu vou girar

É de cócóró, córócó, minhas
cambonos
O galo já cantou, minhas
cambonos
Ao romper da aurora, minhas
cambonos
Todos os Caboclos vão oló, minhas
cambonos

A sua mata é longe
Eles vão embora
E vão beirando o rio Azul
Adeus, Caboclos
Eles vão embora
E vão beirando o rio Azul

PONTOS DIVERSOS

Eles são três Caboclos
Caboclos do Jacutá
Eles giram noite e dia
Para os filhos de Oxalá
Sete mais sete, com mais sete,
vinte e um
Saudamos os três setes, todos três
de um a um
Sete montanhas gira quando a
noite vai virar
Seu irmão Sete Lagoas quando o
dia clarear
E ao romper da aurora
Até alta madrugada
Gira o Caboclo das Sete
Encruzilhadas
Tum, tum, tum, bateu na porta
Tum, tum, tum, vai ver quem é
Meu pai era Caboclo
Ora, vamos saravá lá no congá
Oi! Meu pai era Caboclo

Ora vamos saravá no congá!

Bota fogo no mato
Chama, chama que ele vem
É bacuro de Umbanda
Quem tem dendê, quem tem
dendê

Abre a porta, oh, gente!
Quem aí vem Jesus
Ele vem cansado
Com o peso da cruz
Vem de porta em porta
Vem de rua em rua
Jesus de minha alma
Sem culpa nenhuma

Corre, Ganga, no conguê
Corre, Ganga, no congá
Quem não pode com a macumba
Não carrega patuá

A GRAFIA SAGRADA DA UMBANDA

A sagrada grafia de Umbanda é utilizada para identificar os Orixás, entidades espirituais, para chamar falanges e construir campos de força energética.

O valor magístico de um ponto riscado é muito grande na Umbanda. Para o leigo, o ponto riscado é apenas uma identificação de determinada entidade, já para o umbandista o ponto riscado é um instrumento de trabalho que estabelece uma relação direta entre o Plano Astral e o plano físico.

O instrumento utilizado pela entidade para riscar o ponto é a pemba (espécie de giz ovalado). O escritor Oscar Ribas explica que o termo "pemba" é da origem kimbundo.

"Pemba", termo quimbundo, de kubembula, que significa apartar. Alusivo à destruição de malefício astral, possui largo emprego na Umbanda, servindo para as caracterizações que, obrigatoriamente, se executam nos lugares concernentes à liturgia, a fim de se abrirem os caminhos, ou seja, atrair a graça dos espíritos.

Cada entidade tem seu ponto riscado característico, além dos que elas utilizam para trabalhos com fins específicos. Para os Orixás, utilizam-se pontos de ordem geral, que podem sofrer variações de terreiro para terreiro de acordo com as necessidades.

Mas aqui seriam necessárias muitas páginas para transcrever os milhares de pontos riscados nos rituais de Umbanda, por isso recomendam-se as seguintes obras para consulta:

Pontos riscados segundo os conceitos tradicionais da Umbanda
3.333 pontos riscados e cantados. Pallas Editora e Distribuidora Ltda.
Pontos riscados segundo os conceitos esotéricos da Umbanda
Matta e Silva, W. W. da. *Umbanda de Todos Nós.* Ícone Editora.
Mestre Itaoman. *Pemba: A Grafia Sagrada dos Orixás.* Editora Thesaurus.

MANUTENÇÃO DA MEDIUNIDADE

Algumas pessoas vão à procura de um terreiro de Umbanda para a cura de seus problemas físicos ou espirituais. É comum ouvirem a explicação de uma entidade incorporada sobre sua mediunidade, mostrando a necessidade do trabalho espiritual. Então, a mente fica cheia de dúvidas pelo desconhecido, pois nem sempre os conselhos são seguidos. Outros, porém, amadurecem a ideia e passam a fazer parte da corrente mediúnica.

Alguns, envaidecidos, pensam que foram premiados; outros pensam que é um fardo pesado a ser carregado. Na verdade, não é um prêmio nem um fardo; trata-se de um resgate de dívidas passadas que se tem para com os semelhantes, dívida essa adquirida em encarnações pretéritas. A mediunidade faz parte de um compromisso assumido, antes da reencarnação, o que podemos ou não assumir, depois de encarnados, pois há o livre-arbítrio.

É melhor resgatar essa dívida no presente e não adiá-la para uma próxima encarnação. Contudo, é claro que as entidades assistentes não abandonam os assistidos e não os irão prejudicar se não trabalharem espiritualmente por motivos materiais necessários. Nessas situações, o melhor é procurar o pai ou mãe espiritual do terreiro e expor a situação, pedindo licença para consultar a entidade que comanda os trabalhos para que ela ofereça orientação.

Quando o médium inicia sua caminhada espiritual dentro de um terreiro, deve auxiliar nos afazeres dos trabalhos, camboneando as entidades incorporadas.

Quando houver giras de desenvolvimento, um médium incorporado procurará auxiliar o iniciante a dar condições para que a entidade que o acompanha faça a incorporação. Às vezes, o médium é como uma fruta madura, pois, ao primeiro toque de vibração espiritual, sua entidade já consegue incorporar. Outras vezes, o médium ainda vai permanecer um bom tempo na gira de desenvolvimento, pois seu grau de mediunidade ainda está "verde" e precisa amadurecer.

Muitas vezes, por falta de conhecimento do pai ou mãe espiritual do terreiro, médiuns que ainda carecem de firmeza são solicitados a incorporar. Por falta de confiança eles vacilam e, no momento em que mais são necessários, falham. Esses médiuns, desiludidos, procuram outras casas, onde irão encontrar o mesmo tipo de problema, já que eles não adquiriram ainda a confiança necessária em suas entidades e, às vezes, podem permitir que kiumbas tomem o lugar daquelas.

Quando se é chamado a assumir a mediunidade, nada há de mais errado do que se sentir privilegiado. Deve-se, sim, aproveitar a misericórdia do Astral que concede a oportunidade de saldar as dívidas.

A manutenção da mediunidade é uma tarefa simples, porém nem sempre é efetuada adequadamente. Para tanto, deve-se manter atitudes mentais dignas, não julgando e falando mal de outras pessoas. Deve-se, ainda, fazer periodicamente os banhos de defesa e desimpregnação para manter aura e corpo astral purificados. Além disso, deve-se evitar a ingestão de bebidas alcoólicas e carne, vinte e quatro horas antes dos trabalhos mediúnicos no terreiro. Deve-se, por fim, manter o lar com boas vibrações, evitando discussões e fazendo semanalmente uma defumação na casa.

Sempre que possível, devem energizar-se nos sítios sagrados da natureza: mata, cachoeira, mar etc. As meditações e orações são também muito importantes para a manutenção da saúde astral e física.

RITUAL PARA ABERTURA
E ENCERRAMENTO DE UMA GIRA

Quando os médiuns chegam ao terreiro, fazem as saudações devidas à tronqueira e à casa das almas, se houver, procuram o pai ou mãe espiritual para pedir a benção e dirigem-se ao vestiário para colocar a roupa ritualística. Ao deixar os vestiários, os filhos de fé devem dirigir-se ao recinto do congá, colocar as guias ritualísticas e permanecer em silêncio, meditando e procurando afastar de suas mentes os pensamentos profanos. Nesse momento, em prece mental, devem pedir aos mentores e aos Orixás seu auxílio e suas luzes, para o melhor desempenho de suas funções mediúnicas.

Alguns terreiros iniciam suas atividades com a prece de abertura, mas a maioria procede da seguinte maneira: o pai ou mãe espiritual canta o ponto de abertura. O mais cantado nos terreiros é:

Vou abrir minha Jurema

Vou abrir meu Juremá

Vou abrir minha Jurema

Vou abrir meu Juremá

Com a licença de Mamãe Oxum

E nosso Pai Oxalá

Com a licença de Mamãe Oxum

E nosso Pai Oxalá

Outro ponto muito cantado na abertura dos trabalhos é:

Eu abro a nossa gira

Com Deus e Nossa Senhora

Eu abro a nossa gira

Tambor e pemba de Angola

Eu abro a nossa gira
Com Deus e Nossa Senhora
Eu abro a nossa gira
Tambor e pemba de Angola
Abriu, abriu, abriu
Abriu, deixa abrir
Com as forças da Jurema
Jurema, Juremá

Nos terreiros que seguem os fundamentos esotéricos da Umbanda, é comum este ponto de abertura, logo após a prece inicial:

Lá no Cruzeiro das Almas
Há uma cruz de Guiné
Quem lhe deu esse direito
Foi a Lei de São Miguel
Quem lhe deu esse direito
Foi a Lei de São Miguel
Me ajude, oh, santas almas!
Lá do Cruzeiro Divino
Quem vos chama é Pai Guiné
Quem ordena é São Miguel
Quem vos chama é Pai Guiné
Quem ordena é São Miguel
E guardai meus quatro cantos
Da minha gira de fé
Quem clareia meu congá
É a luz de Oxalá
Quem clareia meu congá
É a luz de Oxalá

O ponto de abertura deve ser cantado de maneira harmoniosa por todos os participantes do trabalho, inclusive a assistência.

Enquanto se canta o ponto de abertura, o pai ou mãe espiritual ou sua mãe pequena ou pai pequeno, ou dois médiuns designados, vão descerrando a cortina que mantém oculto o congá dos assistentes. Nem todos os terreiros possuem a cortina.

A seguir, a curimba e os demais irmãos de branco cantam o ponto de bater cabeça para que o pai ou mãe espiritual faça sua saudação ao congá, a qual consiste no seguinte:

Bate cabeça

Filho de Umbanda

Pede forças a nosso Pai Oxalá

Bênção, papai... Bênção, mamãe

Filho de Umbanda tem coroa de Oxalá

Com a mão direita

Pede uma bênção

Bate cabeça e vai saudar seu Orixá

Outro ponto muito cantado nos terreiros para o bate-cabeça é:

Cachoeiras da mata virgem

Onde mora meu Pai Xangô

Cachoeiras da mata virgem

Onde mora meu Pai Xangô

Água rolou, Nanã Buruquê

Pedra rolou, saravá, Pai Xangô

Saravá, Pai Xangô

Eh! Eh! Eh!

Eh! Eh! Á

Se ele é filho de fé

Bate a cabeça lá no congá

Eh! Eh! Eh!

Eh! Eh! Ah!

Se ele é filho de fé

Bate a cabeça lá no congá

A seguir, o pai ou mãe espiritual coloca-se à direita do congá (de quem olha para o congá) e inicia-se o mesmo cântico anterior para que todos os participantes de branco saúdem também o congá. Após a saudação, o filho de fé prostra-se diante do pai ou mãe espiritual que cruza três vezes suas costas. Logo após isso, toca levemente o ombro do filho para avisar que o cruzamento já terminou. O filho de fé fica então de joelhos e toma a bênção do pai ou mãe espiritual.

Após todos os filhos de fé terem pedido a benção, o pai ou mãe espiritual prostra-se ante a linha divisória que separa o espaço destinado ao público, voltado para a porta da rua, ou então para o lugar destinado ao assentamento de Exus e, em prece mental, roga pela segurança dos trabalhos e de seus filhos de fé. Em alguns terreiros, é feito o rito propiciatório, com instrumentos que representam os quatro elementos da natureza: ar, água, terra e fogo.

Nos terreiros que seguem os fundamentos esotéricos da Umbanda não é utilizado esse ritual de bate-cabeça. Cada médium, antes de colocar as guias, bate a cabeça em silêncio e faz a reverência ao congá.

Em seguida, inicia-se a defumação. Um dos pontos mais cantados nesse momento é:

Defuma com as ervas da Jurema

Defuma com arruda e guiné

Defuma com as ervas da Jurema

Defuma com arruda e guiné

Com benjoim, alecrim e alfazema

Vamos defumar filhos de fé

Com benjoim, alecrim e alfazema

Vamos defumar filhos de fé

Outro ponto muito cantado nos terreiros para a defumação é:

Corre, gira, Pai Ogum
Filhos querem se defumar
Umbanda tem fundamento
É preciso preparar
Com benjoim, alecrim e alfazema
Vamos defumar filhos de fé
Com benjoim, alecrim e alfazema
Vamos defumar filhos de fé

Outro ponto muito utilizado nos terreiros que seguem os fundamentos esotéricos da Umbanda:

Vamos defumar filhos de fé
Da raiz do Pai Guiné
Vamos defumar filhos de fé
Da raiz do Pai Guiné
Defuma eu, babalawô
Defuma eu, babalawô
Defuma eu, babalawô
Defuma eu, babalawô

O ponto deve ser repetido quantas vezes forem necessárias para que todos os membros da gira sejam envolvidos pela fumaça, principiando em defumar o congá, tarefa executada pelo pai ou mãe espiritual, que, após essa tarefa, defuma os filhos e filhas da corrente mediúnica. Em seguida, delega a seu pai pequeno ou mãe pequena, ou a um ogã, a tarefa de defumar os assistentes.

Nos terreiros que seguem os fundamentos esotéricos da Umbanda, logo após a defumação, ocorre o rito propiciatório de Exu.

Terminada a defumação, o pai ou mãe espiritual faz a prece de abertura.

Em seguida, ele (a) canta os pontos para os Orixás de sua cabeça e para as entidades que irão trabalhar. Nada impede que sejam cantados mais pontos.

Dentro do terreiro, não se consideram homens ou mulheres; existem apenas médiuns, independentemente do gênero de cada um. Entretanto, para evitar interpretações maldosas, é comum separar o corpo mediúnico, de forma que os homens fiquem à esquerda de quem está de frente para o congá e as mulheres, à direita.

Durante a gira de um terreiro, são praticados vários trabalhos de caridade, envolvendo as tradicionais consultas com as entidades incorporadas, os passes, os descarregos, as curas etc.

Quando terminam os atendimentos, são cantados os pontos de subida das entidades. Logo após, o pai ou mãe espiritual faz uma prece de encerramento. É recomendável fazer uma boa defumação após a gira.

Além das giras, ocorrem em um terreiro, as festas relativas aos Orixás e às entidades. São ainda realizados os sacramentos: batismo de crianças e de médiuns, casamentos etc.

Anualmente, são realizados trabalhos na mata e na praia para que os médiuns possam repor a energia despendida ao longo dos trabalhos.

A Umbanda não tem uma codificação, como o espiritismo, porém possui um rito e um ritmo que lhe são peculiares e que sofrem pequenas alterações de um terreiro para outro.

PROCEDIMENTO DO CORPO MEDIÚNICO NO TERREIRO

Os médiuns deverão chegar, pelo menos, quinze minutos antes do horário marcado para o início da gira.

Quando os médiuns chegam ao terreiro, fazem as saudações devidas à tronqueira e à casa das almas, se houver. Procuram o pai ou mãe espiritual para pedir a benção e dirigem-se ao vestiário para colocar a roupa ritualística.

Em seguida, dirigem-se ao congá e fazem sua reverência a ele e aos Orixás, pedindo a proteção para que sua atuação mediúnica tenha um bom êxito.

Feita essa reverência, o médium deverá cumprimentar seus irmãos de fé e dirigir-se ao seu lugar de costume, onde deverá meditar, em silêncio e pedir a assistência dos guias protetores para os trabalhos que serão realizados.

O terreiro é um lugar de meditação e trabalhos espirituais, não de comentários e observações. Assim, a meditação e firmeza mental de cada médium evitam que ocorram fatos desagradáveis durante os trabalhos. Não dê ouvidos a intrigas e calúnias. Nunca pare seu serviço por causa da calúnia. Se parar, estará dando razão ao caluniador.

Todos os médiuns e iniciantes devem auxiliar os guias que trabalham no terreiro, porque cambonear é uma forma de aprender e também de doutrinar o pensamento e a maneira de ser, por isso faz parte da evolução espiritual. O cambono participa também da sustentação energética do médium incorporado.

É importante procurar dar exemplos de paciência e desprendimento, servindo a todos com bondade e dedicação.

As dúvidas que surgirem no corpo mediúnico deverão ser levadas ao conhecimento do pai ou mãe espiritual para melhores explicações e esclarecimentos.

É importante sempre lembrar: o grande perigo do médium homem é a mulher! O grande perigo do médium mulher é o homem!

Zélio de Moraes

SAUDAÇÕES AOS ORIXÁS E ÀS ENTIDADES

OXALÁ – Epà, Babá!: Olá, com admiração e espanto ao ancestral dos ancestrais; você faz, obrigado, Pai; grande admiração pela honrosa presença.

OXÓSSI – Okê arô!: Autoridade, o rei que fala mais alto; ou salve o rei, que é aquele que fala mais alto; salve o grande caçador.

OGUM – Patakori!: Cortador de ori ou cabeça; **Ogum iê!**: salve Ogum.

XANGÔ – Kaô kabecilê! ou **Kaô kabecilê obá!**: Venham ver, admirar e saudar o rei; venham ver o rei descer sobre a Terra.

OXUM – Ore ye ye ooo!: Salve, menina cuidadosa; salve, mãezinha doce.

INHAÇÃ – Epa yei Oyá: Saudação aos majestosos ventos de Oyá.

YEMANJÁ – Odoiyá! ou **Odocyaba**: Mãe das águas.

NANÃ BURUQUÊ – Salubá Nanã!: Pantaneira (em alusão aos pântanos de Nanã).

OBALUAIÊ – Atotô!: Silêncio! Ele está aqui!

IBEJI – Oni Ibeijada!: Ele é dois!

PRETOS VELHOS – Salve as almas!

CABOCLOS – Okê, Caboclo!: Salve o grande Caboclo!

BAIANOS – Salve a Bahia! Saravá os baianos!

BOIADEIROS – Chetro marrumbaxetro! Chetuá! Significação desconhecida. Figuração onomatopeica.

MARINHEIROS – Saravá marujada!

EXUS – Laroyê Exu!: Saudação amiga a Exu; **Mojubá Exu**: Meus respeitos, Exu!

POMBAGIRAS – Laroyê Pombagira!: Saudação amiga à Pombagira.

CRIANÇAS – Saudação igual à do Orixá Ibeji.

CIGANOS – Arriba!

OFERENDAS (EBÓS) AOS ORIXÁS

A partir de 1913, passou a atuar, por meio da mediunidade de Zélio de Moraes, uma entidade de Ogum, o espírito de um malaio, que se identificava como Orixá Malet. Esse espírito portentoso, emissário da luz para as sombras, atuava mais no terra a terra e trouxe consigo do espaço dois auxiliares, que haviam sido malaios na última encarnação. Ele veio para auxiliar nas curas dos obsedados e no combate à magia negra.

Baixou e permaneceu em missão junto às sete tendas mestras, dispondo, dentre os elementos do Caboclo das Sete Encruzilhadas, de todas as falanges de demanda, de cinco falanges selecionadas do Povo da Costa, semelhante às tropas de choque dos exércitos da Terra, além de arqueiros de Oxóssi, inclusive núcleos da falange do Caboclo Ubirajara.

Orixá Malet foi a entidade que trouxe do Astral a simbologia dos pontos riscados da Umbanda como magia e, posteriormente, como identificação das entidades que se manifestavam. Além disso, trouxe os ponteiros de aço para firmarem os pontos de magia que eram riscados com a pemba.

Detentor de conhecimentos das forças da natureza e responsável por introduzir na Umbanda as oferendas (ebós) para os Orixás, ele também utilizava dessas comidas para desmanchar os trabalhos de magia negra dos que buscavam ajuda na tenda, além de alguns animais, sempre utilizados vivos em seus rituais, destruindo as energias maléficas dos que lhes procuravam.

A magia está presente em todas as religiões e tradições, pois magia é arte da transformação, pelo conhecimento e pela vontade, quando se movimentam energias da natureza para determinada finalidade.

Dentre as obrigações, podemos destacar as três principais:

O primeiro tipo é muito usual na Umbanda e é realizada pelos consulentes que pedem ajuda espiritual junto aos Caboclos, Pretos Velhos e outras Entidades que orientam qual obrigação a pessoa deve realizar para alcançar o seu pedido.

O segundo tipo é aquela que realizamos em consequência de alguma demanda que nos foi enviada.

O terceiro tipo é a obrigação ao Orixá. As obrigações são atos litúrgicos, ritualísticos ou oferendas, que o filho de fé efetua com relação a determinado Orixá ou Entidade Espiritual, visando conseguir determinado objetivo.

Na Umbanda, as oferendas (ebós) podem ter as seguintes finalidades: um pedido antecipado por algo desejado ou um agradecimento por algo já conseguido. Nas duas situações, as oferendas (ebós) são de vital importância, pois veiculam a transformação energética de quem oferece.

Um Orixá ou uma entidade espiritual não necessita da materialidade do ebó. Os elementares afins ao Orixá ou à entidade espiritual utilizam a energia vital da oferenda e devolvem-na de forma potencializada, fortalecendo o ofertante. Dessa maneira, sempre que uma oferenda é "arriada", todos os elementos ali presentes visam repor energias na própria pessoa, transmutando seus fluidos de acordo com a "vontade" emitida pelo pensamento firme e pelos pedidos ou agradecimentos dela.

Existem regras importantes que devem ser observadas antes do preparo das comidas dos Orixás, tais como: manter-se calmo e sereno; tomar banho de limpeza astral; utilizar materiais de boa qualidade; dirigir o pensamento, durante o tempo de preparo, ao objetivo desejado, não permitindo que pensamentos alheios à oferenda desviem a atenção da mente. Assim, distração, maus pensamentos, aborrecimentos e pressa não se alinham com o ato do preparo da comida dos Orixás. O silêncio também é fundamental.

Todo o desejo deve estar impregnado no processo, desde o preparo da comida sagrada até seu oferecimento. Além das oferendas para pedidos e agradecimento, existem diversos ebós específicos, como: limpeza astral, atração de dinheiro, equilíbrio sentimental etc. Entretanto, nesta obra, destinada aos umbandistas, serão focadas as prescrição de ebós secos (sem uso de sangue), dentro dos conceitos pertinentes à Umbanda.

Antes de oferecer aos Orixás, sempre se deve ofertar a Exu, rogando que as oferendas sejam aceitas com êxito e sucesso, pedindo o devido agô (licença) ao Senhor dos Caminhos.

EBÓ PARA OXALÁ

Oferenda ao grande Orixá, buscando paz, harmonia, saúde e prosperidade.

Materiais:
- um prato de louça branca;
- ½ quilo de canjica branca;
- mel;
- azeite de oliva;
- algodão;
- 8 velas brancas de cera ou carnaúba;
- pemba branca ou efun africano;
- banha de ori.

Procedimento:
Cozinhe a canjica, até ficar molinha.

Quando esfriar, coloque no prato branco, em forma piramidal.

No topo, coloque uma bolinha de banha de ori.

Regue com mel e azeite de oliva.

Polvilhe pó de efun e cubra completamente com algodão.

Acenda oito velas brancas, em círculo.

Faça esse preceito aos pés do congá ou arreie em um campo florido, em local alto.

EBÓ PARA YEMANJÁ

Para trazer equilíbrio, prosperidade e paz.

Materiais:
- uma tigela oval de louça branca;
- 9 folhas de oxibatá (vitória-régia);
- 9 rosas brancas;

- 9 velas amarelas ou azuis-claras;
- 9 moedas correntes, lavadas;
- camarões secos;
- uma corvina;
- azeite de oliva;
- champanhe branco (opcional).

Procedimento:

Forre a tigela com as folhas de oxibatá.

Delicadamente, coloque a corvina e os camarões secos a gosto.

Passe as moedas pelo corpo; faça seus pedidos e coloque-as em volta do peixe.

Depois, enfeite com as rosas a gosto.

Regue com um pouco de azeite de oliva.

Em volta, acenda as velas em círculo.

Pode-se oferecer champanhe branco.

Faça esse preceito em frente ao congá ou diretamente nas areias do mar.

EBÓ PARA OXUM — OMOLOKUN [34]

Oferenda propícia para pedir graças de Oxum, como gravidez, fertilidade e prosperidade.

Materiais:

- um prato branco grande fundo;
- ½ quilo de feijão fradinho;
- 100 gramas de camarão seco;
- azeite de dendê;
- azeite doce;

---

34 Omolokum, na África, significa, literalmente, filho do mar: Omo (filho), Ló (do), Ogum (mar). É uma alusão à fertilidade e ao nascimento.

- uma cebola pequena;
- sal;
- 5 ovos cozidos;
- 5 velas amarelas.

Procedimento:

Coloque o feijão fradinho de molho em água mineral.

Para cozinhar, coloque os grãos diretamente em água fervente.

Depois de cozidos, devem ser escorridos e refogados com cebola ralada, camarão seco, sal, azeite de dendê e azeite doce.

Coloque no prato ou na cumbuca redonda branca, enfeitando com camarões secos inteiros e cinco ovos cozidos inteiros, sem casca.

Entregue na beira de uma cachoeira ou riacho.

Em volta, acenda cinco velas amarelas.

EBÓ PARA OYÁ / INHAÇÃ

Oferenda propícia para pedir forças para resolver uma situação.

Materiais:

- um balaio de bambu;
- 21 akaras[35] fritos no dendê;
- uma dúzia de bananas-ouro;
- uma dúzia de bananas-prata;
- uma dúzia de bananas-nanicas;
- 21 moedas correntes lavadas;
- 7 rosas vermelhas;
- 9 velas vermelhas.

---

35 Akara (bolo de fogo) é feito de massa de feijão fradinho, cebola e sal. É frito no azeite de dendê. Pode ser servido com pimenta e camarão seco. No Brasil, denomina-se acarajé, que significa akara (bola de fogo) e njè (comer).

Procedimento:

Distribua, harmonicamente, no balaio de bambu, os 21 akaras.

Enfeite com os cachos de bananas-nanicas, prata e ouro.

Passe as vinte e uma moedas pelo corpo, deixando-as cair dentro do balaio.

Passe as sete rosas vermelhas pelo corpo, depois, solte as pétalas sobre o preceito. Acenda as velas.

Este ebó deve ser feito na pedreira, um rio pedregoso ou no terreiro.

EBÓ PARA NANÃ BURUQUÊ

Oferenda propícia para pedir paz, serenidade e saúde.

Materiais:

- batata-doce;
- panela de barro;
- uma tigela grande de louça branca;
- uma colher de pau;
- mel;
- uma vela branca;
- crisântemos.

Procedimento:

Descasque as batatas, sem uso de faca de metal. Pode ser utilizada faca de madeira.

Cozinhe a batata-doce, até que vire um purê, em uma panela de barro.

Depois, monte, de forma piramidal, na tigela de louca branca.

Regue com mel.

Enfeite com uma colher de pau, introduzindo sua ponta no purê.

Não se usam elementos metálicos nas oferendas para Nanã.

Ao final, acenda uma vela branca e ofereça diante do congá.

Enfeite com os crisântemos.

Este ebó deve ser feito em um manguezal, rio barrento ou no terreiro.

Observação: a panela deve ser de barro e não se pode usar faca de metal, sob nenhuma hipótese.[36]

EBÓ PARA IBEJI (COSME E DAMIÃO)

Oferenda propícia para pedir harmonia, alegria e amor.

Materiais:
- 2 pratos brancos grandes;
- 7 tipos de doces (abóbora, cocada preta, cocada branca etc.);
- 7 frutas doces (exceto cítricas);
- 7 bebidas doces: melado, água com açúcar, guaraná, refrigerantes em geral, groselha, chá-mate adoçado e suco de frutas;
- 7 tigelas brancas;
- 7 fitas coloridas (exceto preta e roxa);
- 7 velas cor de rosa e sete velas azuis.

Procedimento:
Enfeite os dois pratos com fitas coloridas.

Em um prato, coloque os doces, harmonicamente.

No outro, distribua com carinho as sete frutas doces.

Arreie em uma praça limpa e florida ou na praia (conforme a intuição ou vibração da criança espiritual). Ao redor dos pratos, coloque as bebidas recomendadas.

Circunde todo o preceito com as velas, alternando as cores.

---

36 Ogum é o senhor dos metais e da faca, considerado Oulobé! Assim, todas as comidas em sacrifício deveriam ter o aval de Ogum. Nanã Buruquê, indignada, nunca mais usou metal, pois se julgava tão importante que não precisava de Ogum. Por isso não se utilizam materiais metálicos no preparo das comidas de Nanã.

EBÓ PARA OBALUAIÊ

Oferenda propícia para pedir corte de doenças e saúde em geral.

Materiais:
- Um alguidar número 1;
- ½ quilo de pipoca amarela;[37]
- dendê;
- 1 dúzia de bananas-da-terra;
- 10 orogbos;
- 10 moedas lavadas;
- 10 sementes "olho de boi";
- Morim branco;
- Morim preto;
- 7 velas brancas;
- 7 velas pretas.

Procedimento:

Estoure a pipoca no dendê e coloque no alguidar.

Enfeite com dez orogbos cortados ao meio.

Distribua as sementes de olho-de-boi.

Passe as moedas no corpo, fluindo os pedidos ao Pai Obaluaiê.

Circunde com as velas, alternando as cores. Acenda com todo o respeito e cuidado.

Arreie em uma mata, sobre um pano preto e um pano branco.

EBÓ PARA OXÓSSI

Oferenda propícia para pedir saúde e fartura.

---

37 Estoure a pipoca no azeite de dendê, para oferecimentos. Quando se tratar de problemas de saúde, estoure a pipoca na areia do mar.

Materiais:

- uma abobora moranga;
- 6 espigas de milho cozido;
- melado de cana;
- fatias de coco maduro;
- 6 velas verdes;
- uma vela branca.

Procedimento:

Abra a abobora e limpe-a.

Coloque os grãos de milhos cozidos, sem sal, dentro da moranga.

Regue com melado de cana.

Enfeite com fatias de coco, ao seu gosto.

Acenda, em volta, as seis velas verdes e uma vela branca, oferecendo ao Pai Oxóssi, pedindo saúde e fartura.

Arreie em uma mata.

EBÓ PARA XANGÔ

Oferenda propícia para pedir proteção, prosperidade, perdão por todos os erros e vitória sobre os inimigos.

Materiais:

- uma gamela grande;
- um metro de morim vermelho;
- um metro de morim branco;
- ½ quilo de quiabos;
- açúcar cristal;
- água mineral sem gás;
- 12 moedas correntes lavadas;
- 6 orogbos;
- 12 cravos vermelhos;
- 12 velas vermelhas.

Procedimento:

Tire as pontas dos quiabos e coloque-os dentro da gamela.

Bata, com uma colher de pau, até que fique bem liquido.

Aos poucos, vá adicionando açúcar cristal e um pouco de água mineral.

Passe as doze moedas no corpo e coloque dentro do preceito.

Abra seis orogbos ao meio e enfeite-os com os doze pedaços.

Forre o chão com o pano vermelho e o branco por cima.

Enfeite o pano com os cravos.

A certa distância, acenda as doze velas vermelhas, rogando proteção, prosperidade, malei-me (perdão pelos erros admitidos ou não) e vitória sobre os inimigos.

Que a justiça de Xangô a todos escude!

Este ebó deve ser feito em uma pedreira ou no terreiro.

EBÓ PARA OGUM

Oferenda propícia para pedir proteção a Ogum, abertura dos caminhos, vencer todas as demandas materiais e espirituais.

Materiais:

- um inhame grande descascado;
- dendê;
- mel;
- 144 palitos de dente;
- uma cerveja branca;
- 7 velas vermelhas;
- uma vela branca;
- alguidar.

Procedimento:

Cozinhe o inhame.

Corte-o ao meio.

Espete setenta e sete palitos de dentes em cada parte.

Coloque as duas partes no alguidar, de modo que o inhame fique suspenso, sem encostar no alguidar.

Regue metade do inhame com mel e a outra metade com dendê.

Abra uma cerveja branca, sem gelo e regue em círculo o preceito ou coloque em um coité.

Circule com as sete velas vermelhas e uma branca, pedindo proteção a Ogum.

Este ebó deve ser feito na praia ou no terreiro.

EBÓ PARA EXU

Oferenda propícia para pedir proteção, abertura de caminhos e corte de influências negativas.

Materiais:
- farinha de mandioca grossa;
- dendê;
- água;
- mel;
- cachaça de boa qualidade;
- um charuto de boa qualidade;
- uma vela branca;
- 4 alguidares número 1;
- 1 caixa de fósforos.

Procedimento:
Misture a farinha de mandioca grossa com dendê, cachaça, água e mel.

Ao misturar cada elemento, vá fluindo o pensamento a Exu, com todo o respeito, pedindo "agô" (licença) e proteção.

Vá até uma encruzilhada, peça licença ao senhor daquela encruzilhada e arreie os quatro alguidares.

No centro dos alguidares, acenda a vela branca, abra a cachaça e circunde o preceito, derramando a bebida em volta e colocando a garrafa ao lado da vela.

Acenda o charuto e coloque-o sobre a caixa de fósforos, entre a cachaça e a vela.

Faça os pedidos.

Havendo dificuldade em arriar o ebó em uma encruzilhada, faça no terreiro.

BANHOS RITUALÍSTICOS, DE DESCARGA E ATRAÇÃO

Muitas entidades, quando dão consultas no terreiro, recomendam aos consulentes ervas para banhos e também para defumações.

As ervas mais utilizadas são: guiné, arruda, alecrim, tabaco, espada-de-são-jorge, espada-de-santa-bárbara, boldo (tapete-de-oxalá), samambaia do campo, alfazema, rosas brancas etc. Geralmente, recomenda-se que o banho tenha um número ímpar de ervas.

Os banhos de defesa ou descarrego, assim como as defumações, atuam como agentes purificadores.

Para preparar um banho, procede-se da seguinte maneira: ferver água em uma panela, apagar o fogo e colocar as ervas em infusão por quinze minutos. Filtrar as ervas e o banho está pronto. Recomenda-se colocá-lo em recipiente de plástico ou em um coité grande feito de cabaça, pois os recipientes de vidro ou de louça podem cair e quebrar, provocando acidentes.

Outra maneira de preparar os banhos é macerando, com as mãos, as ervas frescas na água fria.

Antes dos banhos, é necessário fazer o banho de higiene para que os poros possam ficar bem abertos, a fim de receber o extrato vegetal.

Em seguida, derrama-se o banho da cabeça para baixo. Pode haver a recomendação específica para que o banho não passe pela cabeça. Espera-se o líquido escorrer pelo corpo e, após alguns minutos, enxuga-se o corpo com uma toalha seca.

As ervas utilizadas devem ser despachadas em uma mata, para se degradarem e se reincorporarem à natureza. Não sendo possível, podem ser descartadas no lixo comum.

Nos banhos de descarrego, é importante colocar um pedaço de carvão sob cada pé. Esse carvão deve também ser despachado.

A · BANHO BÁSICO DE DESCARREGO OU DEFESA

Materiais:
- espada-de-são-jorge cortada em sete pedaços;
- sete folhas de guiné;
- sete galhos de arruda.

B · BANHOS QUEBRA-DEMANDA

Banho 1
Materiais:
- sete folhas de guiné;
- sete folhas de pitanga;
- uma samambaia fina.

Banho 2
Materiais:
- sete folhas de louro;
- uma espada-de-são-jorge cortada em sete pedaços;
- sete galhos de arruda.

Banho 3
Materiais:
- sete folhas de mangueira;
- sete folhas de São Gonçalinho;
- sete folhas de peregun.

Banho 4
Materiais:
- folhas de quitoco;
- folhas de para-raio;

- folhas de bambu;
- folhas de manjericão roxo;
- um pedaço de fumo-de-corda.

Banho 5
Materiais:
- waji (anil);
- sal grosso;

Procedimento:
Dissolver três punhados de sal grosso e três pitadas de waji em dois litros de água.

Verter pelo corpo todo.

Na sequência, tomar banho de manjericão, alecrim e guiné. Banhar o corpo todo.

C · AMACI DE OXALÁ

O amaci de Oxalá deve ser feito após o banho quebra-demanda.

Antes de preparar o banho, acender uma vela branca para Oxalá.

Usar pétalas de sete rosas brancas e macerá-las na água fria (não filtrar).

Colocar um pano branco virgem sobre a cabeça e jogar o amaci.

Juntar as pétalas e envolvê-las no pano branco.

Levar tudo em uma mata e acender uma vela branca para Oxalá.

Um amaci natural é o banho de cachoeira (em uma cachoeira limpa).

D · OUTRO AMACI DE OXALÁ

Materiais:
- folhas de boldo (tapete de Oxalá);
- folhas-da-costa;

- folhas de melissa;
- folhas de oriri;
- folhas de manjericão;
- folhas de alecrim;
- folhas de levante.

Entoar pontos para Oxalá e preces, enquanto se lavam e se maceram todas as ervas descritas.

Sempre utilizar água fria e limpa; de preferência, mineral.

E · BANHO DE OXALÁ

Cozinhar canjica, até que a água fique esbranquiçada. Misturar com o sumo das seguintes ervas: manjericão, tapete-de-oxalá (boldo) e alfavaca (que devem ter sido maceradas ou piladas).

F · BANHO DE PROSPERIDADE E ATRAÇÃO DE BOAS ENERGIAS

Macerar ou pilar, em água de cachoeira, as seguintes folhas frescas: cana-do-brejo, folha-da-costa, beldroega, folha de algodão, akoko e louro. Acender uma vela branca e uma vela amarela, fazer seus pedidos e tomar o banho de corpo todo, com água fria.

G · BANHO PARA ATRAIR MELHORES CONDIÇÕES FINANCEIRAS

Macerar ou pilar, em água de cachoeira, as seguintes folhas frescas: folha de manjericão, oripepe, colônia, levante e oriri. Deixar descansar por três horas, coberto com pano branco virgem.

Enquanto isso, ferver açúcar mascavo, danda da costa (ralado), obi (ralado), orogbo (ralado) e canela (ralada).

Misturar a água fervendo com o sumo das ervas, deixar esfriar e verter no corpo todo. Deixe secar no corpo.

No banho, fluir seus pensamentos a Oxum, pedindo progresso financeiro. Ao sair do banho, acender uma vela amarela, untada no mel com noz-moscada ralada.

H · BANHO DE OBALUAIÊ

Esse banho deve ficar pronto e ser usado quando do retorno de um funeral, velório ou hospital.

Materiais:

- espada-de-são-jorge cortada em sete pedaços;
- cipó-cruz;
- manjericão;
- guiné;
- uma pitada de sal grosso.

I · BANHO SECO

Esse banho é recomendado para aquelas pessoas que se encontram debaixo de fortes demandas. Deve ser feito antes de começar a tomar os banhos de ervas.

Estourar pipoca, sem sal ou óleo, na areia quente.

Passar a pipoca por todo o corpo, inclusive a cabeça.

Recolher toda a pipoca e colocá-la em um pano preto virgem, em forma de trouxinha. Atenção, não devem ficar vestígios de pipoca nem no corpo, nem no local.

Levar a uma mata (não abrir o pano) e acender uma vela branca para Obaluaiê, pedindo que todo o mal fique retido naquele local.

Logo após o banho seco e a entrega, deve ser feito um banho de higiene e, depois, deve-se tomar banho de manjericão, levante e boldo, no corpo todo.

J · BANHO DE SAL GROSSO

O banho de sal grosso pode ser feito periodicamente (uma vez por quinzena, por exemplo), pois, ao ser dissolvido na água, o sal libera partículas de carga positiva (cátions) e negativa (ânions). Essas partículas irão neutralizar o excesso de carga (positiva ou negativa) presente no corpo.

Colocar algumas pedrinhas de sal grosso em um ou dois litros de água morna, em um recipiente plástico.

Logo após o banho de higiene, derramá-lo da cabeça para baixo.

Esperar alguns minutos e ligar novamente o chuveiro para tirar o excesso de sal retido no corpo.

Esse banho pode ser substituído por um banho de mar, que, além do sal, possui a energia das ondas.

Pode-se, também, substituir o sal grosso por bicarbonato de sódio, que, além de neutralizar o excesso de cargas positivas ou negativas, neutraliza também o excesso de acidez da pele.

L · BANHOS ESPECÍFICOS PARA OS FILHOS DOS ORIXÁS

A seguir é mostrada uma relação das ervas para banhos de cada Orixá, utilizados pelos médiuns.

Oxalá: pétalas de rosas brancas.

Ibeji: arruda, alecrim-do-campo, rosa branca, eucalipto, jurema, hortelã e guiné.

Oyá-Inhaçã: angélica, cipó-cruz, carobinha, capim sidrão, rubi, espinheira-santa e cordão-de-frade.

Yemanjá: angélica, boldo, capim-santo, guiné pipiu, alfazema, picão-da-praia e alecrim-do-campo.

Oxum: vassourinha, guiné pipiu, alfazema, jurema, eucalipto, espada-de-são- jorge e manjericão.

Oxóssi: cipó-cruz, cipó-caboclo, guiné pipiu, jurema, samambaia do campo, eucalipto e manjericão.

Ogum: cravos vermelhos, espada-de-são-jorge, capim-santo, alfazema, samambaia do campo, boldo e perfume de Ogum.

Xangô: samambaia, boldo, eucalipto, picão-da-praia, barba-de-velho, guiné e alfazema.

Nanã: carobinha, capim-santo, guiné pipiu, picão-da-praia, manjericão, alfazema e rosa branca.

Obaluaiê: arruda, boldo, guiné, alecrim-do-campo, carobinha, estigma de milho e capim-santo.

Na dúvida de qual é seu Orixá, sempre use banho do Orixá Oxalá, que é pai de todos os oris (cabeças).

O ideal é sempre macerar ou pilar as ervas em água limpa e fria, em silêncio e prece. Espaçadamente, vá entoando calmamente os pontos cantados do respectivo Orixá.

O bagaço das ervas deve ser descartado aos pés de árvores frondosas ou em matas limpas.

M · BANHO PODEROSO

Misture, no sabão da costa africano, os seguintes pós: waji (anil),[38] osun (pó vermelho) e efun, bem como sumo das ervas alfavaca, oriri e folha-da-costa.

Faça um banho de higiene. Em seguida, esfregue o corpo com esse sabão (inclusive a cabeça). Depois, deixe cair a água do chuveiro para limpar o corpo.

N · BANHOS ESPECÍFICOS EM FUNÇÃO DO SIGNO ZODIACAL

Dentro dos preceitos esotéricos da Umbanda, cada ser humano recebe as vibrações de um dos sete Orixás, em função do signo zodiacal.

---

38 Usar, preferencialmente, o waji africano.

Orixalá (ou Oxalá): Leão.

Ogum: Áries e Escorpião.

Oxóssi: Touro e Libra.

Xangô: Peixes e Sagitário.

Yorimá: Capricórnio e Aquário.

Yori: Gêmeos e Virgem.

Yemanjá: Câncer.

Para cada um dos sete Orixás, há banhos de ervas específicas que devem ser preparados de acordo com as orientações anteriores. Podem ser escolhidas uma, três, cinco ou sete ervas para cada banho.

Orixalá (ou Oxalá): maracujá, arruda, levante, guiné, erva-cidreira, hortelã, alecrim, girassol e jasmim.

O dia propício para esse banho é domingo, das 9 às 12 horas.

Ogum: romã, jurubeba, samambaia do mato, espada-de-são-jorge, lança-de-são-jorge, cinco-folhas, tulipa e rubi.

O dia propício para esse banho é terça-feira, das 3 às 6 horas.

Oxóssi: erva-doce, sabugueiro, gervão, malvaísco, malva-cheirosa, dracena, folhas da jurema, parreira-do-mato e figo do mato.

O dia propício para esse banho é sexta-feira, das 6 às 9 horas.

Xangô: folhas de limão, lírio de cachoeira, alecrim-do-mato, erva-tostão, fedegoso, manga, parreira, abacate e goiaba.

O dia propício para esse banho é quinta-feira, das 15 às 18 horas.

Yorimá: eucalipto, tamarindo, guiné pipiu, trombeta, alfavaca, camará, bananeira, sete-sangrias, vassoura-preta e vassoura-branca.

O dia propício para esse banho é sábado, das 21 horas à meia-noite.

Yori: crisântemo (folhas e flores), manjericão, folhas de verbena, maravilha, folhas de morango, amoreira, pitanga, melão-de-são-caetano e capim-limão.

O dia propício para esse banho é quarta-feira, das 12 às 15 horas.

Yemanjá: pariparoba, rosas brancas, folhas de avenca, panaceia, folhas e flores de violeta, picão do mato, arruda fêmea, manacá e quitoco.

O dia propício para esse banho é segunda-feira, das 18 às 21 horas.

Não sendo possível fazer os banhos no dia e horário propícios, fazer em outro dia e horário, conforme a necessidade.

O · INFUSÃO DE BOLDO (PARA FORTALECER A MEDIUNIDADE)

Macerar, sem água, uma boa quantidade de folhas de boldo.

Colocar o sumo obtido em cima da cabeça.

Envolver a cabeça com um pano branco e deixar por trinta minutos.

Essa infusão fortalece o chacra coronal.

Para fortalecer a mediunidade, pode também ser utilizado o banho com água de coco.

P · OSANYIN E AS ERVAS (EWE)

Importante frisar que o Orixá das ervas é Osanyin, que não é cultuado diretamente na Umbanda. Osanyin é originário de Irao, localizado na Nigéria, próximo à fronteira com o ex-Daome. É a divindade das plantas medicinais e litúrgicas. Sua importância é fundamental, pois nenhuma cerimônia pode ser feita sem sua presença. O nome das plantas, sua utilização, bem como a invocação que desperta seus poderes são os elementos mais secretos do ritual yorùbá, no culto aos Orixás, na África. Por isso, Osanyin é considerado o grande feiticeiro.

Dessa forma, é muito delicado, cuidadoso e perigoso o trabalho, pois, da mesma forma que as ervas (ewe) podem curar, podem envenenar. Eis o poder do Osanyin.

Existem ervas que acalmam (erò) e outras que agitam ou excitam (gùn). Existem ervas consideradas masculinas e outras, femininas. São muitos os mistérios e mirongas dos sacerdotes.

Cuidado com ervas desconhecidas. Cuidado com banhos específicos para os Orixás, pois, se prescrever uma erva incompatível com o Orixá daquela pessoa, pode prejudicá-la. Prefira a simplicidade eficiente das ervas usuais da Umbanda, prescritas pelos guias espirituais.

DEFUMAÇÕES

A defumação é um procedimento ritualístico de purificação dos terreiros e do corpo astral das pessoas. Elas podem também ser utilizadas em residências e locais de trabalho profissional, eliminando as energias negativas que eventualmente ali existam.

As defumações devem ser feitas, preferencialmente, utilizando os incensórios ou turíbulos de barro, contendo brasas de carvão. Para defumar a casa, deve-se começar do último cômodo até a saída. Antes de iniciar a defumação, deve-se riscar no chão, com pemba branca, uma estrela de cinco pontas. Em cima do ponto, deve ser acesa uma vela branca, pedindo a proteção das entidades de Ogum.

As ervas utilizadas devem ser secas.

A · DEFUMAÇÃO BÁSICA

Preparar uma mistura contendo três partes de erva-doce seca, uma parte de canela em pau, triturada no pilão e uma parte de cravinho-da-índia. Essa é uma defumação que pode ser utilizada em qualquer circunstância, exercendo a função de desagregação e purificação.

B · DEFUMAÇÃO POLIVALENTE

Preparar a seguinte mistura: cinco partes de alfazema, uma parte de guiné seca, uma parte de arruda seca, uma parte de incenso (olibano), uma parte de mirra, uma parte de sândalo em pó e uma parte de benjoim.

C · DEFUMAÇÃO PARA HARMONIA E FARTURA

Preparar uma mistura, em partes iguais de pó de café, açúcar, louro, arruda seca, alfazema, manjericão e alecrim seco.

D · PRINCIPAIS ERVAS E RESINAS UTILIZADAS NA DEFUMAÇÃO

Estas são as ervas mais comuns utilizadas na defumação: alecrim, mirra, benjoim, incenso, alfazema, noz-moscada, anis-estrelado, sândalo, imburana, erva-doce, canela em pau, cravo-da-índia, bagas de zimbro e arruda seca. A imburana é excelente para serenar o campo mental.

Todos os restos de defumação que sobram no incensório devem ser queimados em um alguidar próximo da tronqueira ou despachados em uma mata. Eles não devem ser descarregados em água corrente, pois é uma prática que agride o meio ambiente. Isso não acontece quando se despacham os restos da defumação na mata, pois serão naturalmente absorvidos pela terra.

E · PRECE PARA DEFUMAR A CASA

Defumo minha casa, meu corpo e meu espírito,
Caminhos e todo lugar onde eu andar.
Com este defumador com que Cristo foi defumado,
Para perfumar meu corpo
E livrar das cargas fluídicas de meus inimigos.
Assim serei livre de todos os perigos.
Em nome da trindade: Jesus, Maria e José.

F · EFEITOS DO INCENSO (OLÍBANO)

O irmão Edmundo Pellizari pesquisou, em um site oficial dos tradicionalíssimos monges cartusianos (ou cartuxos), as propriedades do incenso, o qual é muito utilizado nas defumações dos terreiros de Umbanda.

Pesquisas científicas têm demonstrado que, ao ser queimado o incenso, ele libera um fenol conhecido como tetraidrocanabinol (THC), substância com notável poder desinfetante, porém também inebriante e anestésica, capaz, por exemplo, de atenuar dores de dente e de cabeça. O fenol exalado pela fumaça do incenso atua no córtex cerebral (sede da consciência e da elaboração de informações) e sobre o sistema neurovegetativo (que controla a respiração, o ritmo cardíaco, as funções digestivas e intestinais). Foi comprovado que o tetraidrocanabinol estimula a serotonina. Doses básicas, como, por exemplo, as equivalentes às exalações de incenso durante uma cerimônia religiosa, aumentam o nível de serotonina, que, por sua vez, atenua os impulsos nervosos e abaixa a frequência das ondas cerebrais, criando um estado psicofísico que facilita a capacidade de concentração. A serotonina é também dotada de ação anti-hemorrágica, sendo protetora dos capilares. Supõe-se que o incenso, com seu poder inebriante, é capaz de ajudar na concentração, despertando a vontade psíquica, levando paz ao coração, amenizando as tensões, predispondo à meditação e acendendo nos ânimos aquele fervor que permite entrar em contato com a divindade. Também estimula favoravelmente o olfato humano, exaltando o caráter solene de uma celebração e, finalmente, desinfeta e purifica os ambientes.

O olibano é popularmente denominado *incenso de igreja* ou *incenso do padre*.

O USO DA PÓLVORA

Quando se queima a pólvora, combatem-se as forças contrárias à luz pela explosão, agindo como veículo de limpeza. Além disso, a queima de pólvora provoca um brusco deslocamento de ar, que atinge o corpo astral dos obsessores, afastando-os da pessoa atingida pela demanda.

Na queima de pólvora ocorre, ainda, um despreendimento de enxofre, que, desde tempos imemoriais, é utilizado para afastar as forças negativas do mal.

A principais forma de descarrego com pólvora são a "bucha" e "roda de fogo".

A BUCHA

Usar duas folhas de papel sulfite.

Colocar meio tubo de pólvora em cima dessas folhas.

Apertar bem (como se fosse uma grande biriba). Isso é denominado "bucha".

Riscar um ponto de descarga no chão ou em uma tábua quadrada (as setas viradas para a rua). A Figura 8, a seguir, é um exemplo.

Pode ser próximo da tronqueira.

Em cima do ponto, colocar um alguidar com algodão dentro.

Embeber o algodão com um pouco de álcool.

Com todo o cuidado possível, colocar fogo no algodão.

Cantar para Exu e colocar a bucha em cima.

Quando a pólvora explodir, todos devem soprar bem forte para afastar as cargas negativas.

As pessoas devem guardar uma distância segura para não serem chamuscadas.

Após o trabalho, deve-se lavar as mãos de todos os presentes no trabalho com amaci, perfume ou água de cachoeira. Todos os presentes devem, ao retornar para casa, fazer um banho de ervas, o qual deve estar pronto com antecedência.

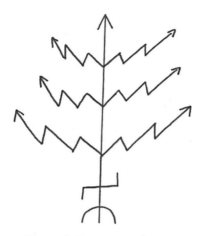

Figura 8: Ponto para descarga

RODA DE FOGO

A tradicional roda de fogo deve ser feita num local de terra.

Ao sair de casa ou do terreiro para realizar o trabalho, todos os participantes devem acender uma vela para a sua Entidade de guarda.

Antes de iniciar o processo, oferece-se uma ou mais garrafa de cachaça para os Exus. Acende-se uma, três ou sete velas brancas ou pretas e vermelhas e pede-se proteção para o trabalho que será realizado. Derrama-se um pouco de aguardente no local e deixa-se a garrafa aberta. Acendem-se um ou mais charutos para os Exus.

Coloca-se a pessoa atingida pela demanda no local pré-determinado para a roda de fogo e ela deve ser cercada por pólvora, em circulo, deixando-se uma abertura para que os obsessores possam sair. A roda deve ser suficiente grande para que quando a pólvora queime, não atinja a pessoa.

Canta-se um ponto para Exu e acende-se a pólvora tomando todas as precauções para que ninguém se queime. Logo após a pessoa deve sair pela abertura.

Após o trabalho deve-se lavar as mãos de todos os presentes ao trabalho com amaci, perfume ou água de cachoeira. Todos os presentes devem, ao retornar para casa, fazer um banho de ervas que deve estar pronto com antecedência.

DESAGREGAÇÃO DE CARGAS NEGATIVAS EM RESIDÊNCIAS

a) Preparar uma defumação básica (vide capítulo sobre defumações).

Defumar a casa do fundo para frente, utilizando um incensório ou turíbulo de barro.

Enquanto faz a defumação, realizar a seguinte oração:

Defumo minha casa, meu corpo e meu espírito,

Caminhos e todo lugar onde eu andar,

Com este defumador com que Cristo foi defumado,

Para perfumar seu corpo

E livrar das cargas fluídicas de seus inimigos visíveis.

Assim serei livre de todos os perigos,

Em nome da trindade: Jesus, Maria e José.

O que sobrar da defumação deve ser queimado em um alguidar ou despachado na mata.

b) Para evitar más vibrações na casa e manter um ambiente sereno, colocar, atrás da porta de entrada ou em um dos cantos da casa, um copo com água, contendo sal grosso, três pedaços de carvão e três dentes de alho.

Deixar durante sete dias.

No sétimo dia, jogar tudo no pé de uma árvore.

Defumar a casa com a defumação básica.

c) Acender uma vela vermelha atrás da porta de entrada.

Colocar um copo com água e sal grosso em frente à vela.

Fazer uma oração para a Corrente dos Caboclos de Oguns, a fim de auxiliar no trabalho de limpeza.

Passar a espada-de-são-jorge em todos os cantos da casa, de forma a cruzar todos os cantos. Fazer o mesmo do último cômodo até a porta da rua.

Pedir, com bastante firmeza, para cortar toda a perturbação que estiver na residência.

Fazer uma defumação na casa.

A espada deve ser colocada no pé de uma árvore (fora de casa).

Fazer uma defumação na casa.

d) Em um recipiente metálico fixar uma vela branca. Colocar álcool até completar 2/3 da sua capacidade.

Acender a vela e pedir aos guardiões para desagregar todas as cargas negativas presentes na residência.

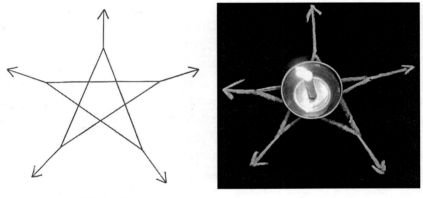

Figura 9   *Figura 10*

Quando terminar, limpar o ponto com um pano úmido e despachar os restos da vela no lixo.

O USO RITUALÍSTICO DAS VELAS

Desde tempos imemoriais, as velas tem sido fonte de luz e símbolo de conforto para o ser humano. Em função da sua importância, o uso das velas acabou cercado de mitos e lendas.

Utilizamos as velas apenas para simbolizar nossa magia por meio de suas chamas. O fogo é o símbolo do plano mental e da atividade. O ato de acender a vela para uma Entidade é a forma de ativar seu pedido e levá-lo para o plano etéreo.

Daí a razão de usarmos as velas na magia. Esta prática tem como objetivo ativar, manter vivo, simbolizar o elo de ligação de nossos pensamentos e desejos com o mundo astral. Na chama de uma vela, todas as forças da natureza são ativadas. A vela queimando é uma forma de ligação com um Ser Superior. As velas têm a função de agentes focalizadores mentais e são eficientes na concentração ou mentalização.

O uso das velas nos rituais religiosos começou quando o homem primitivo percebeu que era possível iluminar as suas cavernas. Com a sua moradia iluminada, era possível agradecer aos céus por uma boa caçada ou uma colheita farta e até mesmo pedir auxílio, bênção ou perdão. A chama brilhando no escuro da caverna significava a própria presença de Deus.

Simbolicamente, a luz sempre representou o poder do bem para a humanidade. Nos antigos mistérios da antiguidade clássica, simbolizava a sabedoria e iluminação. A chama da vela era associada à alma imortal brilhando nas trevas do mundo. Destas crenças surgiu a prática de utilizar as velas como ritual mágico.

O uso das velas comuns, geralmente brancas, nos rituais da Umbanda é proveniente da herança que recebemos da Igreja Católica, visto que os altares católicos sempre foram iluminados por velas, destacando-se as velas de cera.

Com a popularização das Sete Linhas de Umbanda e as cores associadas aos Orixás, ocorreu uma rápida procura das velas coloridas. Este fato surgiu como uma deturpação do ritual original da Umbanda, pois na Tenda Nossa Senhora da Piedade, a primeira Tenda de Umbanda, sempre foram usadas apenas velas brancas.

VELAS UTILIZADAS PARA O CULTO AOS ORIXÁSE ENTIDADES ESPIRITUAIS

Oxalá: Vela branca. Utilizada para pedidos de ordem geral.

Inhaçã: Vela amarela. Utilizada para fazer pedidos de negócios e problemas financeiros.

Ibeji: Vela azul ou cor de rosa. Utilizada para fazer pedidos para a saúde, proteção de crianças e harmonização.

Yemanjá: Vela azul. Utilizada para fazer pedidos para gravidez, harmonia no lar e proteção dos filhos.

Oxum: Vela azul ou amarela. Utilizada para fazer pedidos para problemas sentimentais, harmonia no lar e proteção dos filhos.

Oxóssi: Vela verde. Utilizada para fazer pedidos para saúde e abertura de caminhos.

Ogum: Vela vermelha. Utilizada para fazer pedidos para situações difíceis, demandas, proteção pessoal contra os inimigos.

Xangô: Vela marrom. Utilizada para fazer pedidos para justiça, negócios onde haja desonestidade, apaziguar o mau gênio das pessoas, tolerância, paciência etc.

Nanã Buruquê: Vela roxa. Utilizada para fazer pedidos para abertura de caminhos, paciência, persistência etc.

Obaluaiê: Vela branca ou preta e branca. Utilizada para fazer pedidos de saúde.

Pretos-Velhos: Vela branca ou preta e branca. Utilizada para fazer pedidos de ordem geral, desde que não causem prejuízos a outras pessoas.

Baianos: Vela branca ou amarela. Utilizada para fazer pedidos para abertura de caminhos, negócios difíceis, desentendimentos em geral.

Boiadeiros: Vela branca. Utilizada para descarregos.

Marinheiros: Vela branca ou azul. Utilizada para curas espirituais.

Ciganos: Velas coloridas. Utilizadas para fazer pedidos para bem estar pessoal e social, sentimental, saúde, equilíbrios mentais, físicos e espirituais.

Caboclos: Vela branca. Utilizada para pedidos de saúde e problemas pessoais.

Crianças: Idem a Ibeji.

Kaô do Oriente[39]: Vela cor de rosa. Utilizada para fazer pedidos para doenças, principalmente da cabeça. Esta vela deve ser acesa dentro de um triângulo equilátero riscado na terra ou riscado no chão, com pemba branca.

Exus e Pombagiras: Vela branca ou preta e vermelha. Utilizada para corte de demandas e abertura dos caminhos materiais.

Almas perturbadas: Vela branca. Deve ser acesa numa igreja, terreiro, capela ou cruzeiro das almas e nunca em casa.

Quando acendemos uma vela para determinado Orixá ou Entidade espiritual é necessário fazê-lo com bastante firmeza e confiança, orando e concentrando-se no pedido que será feito.

---

39 Sincretizado com São João Batista.

O USO DO TABACO

Muitas religiões utilizam a fumaça como depurador das energias. A defumação é sagrada e consagrada pelo mundo inteiro, desde os monges tibetanos até os padres católicos.

Rodrigo Queiroz[40] explica que o tabaco, é considerado uma "Erva de Poder", usada há milênios pelos povos indígenas, considerado sagrado com ampla utilização em seus trabalhos de cura, pajelança e xamanismo.

O tabaco é o vegetal que veicula os elementos terra e água. Quando utilizado nos cachimbos, charutos e defumação traz os elementos ar e fogo. Em suma, o fumo é uma defumação direcionada, que traz além do vegetal, os quatro elementos básicos (terra, água, ar e fogo) para trabalhos de magia prática.

O sopro por si só traz efeitos terapêuticos e espirituais muito valorosos e eficazes nos trabalhos de cura e limpeza, que aliado ao poder das ervas é potencializado muitas vezes em resultados largamente vistos durante os rituais de Umbanda.

Assim, o uso do tabaco pelos Caboclos, Pretos-Velhos, Baianos, Boiadeiros, Exus e outras Entidades possui efeito terapêutico ao mesmo tempo em que propicia uma verdadeira proteção para o aura do médium. A fumaça atua também como desagregador de miasmas[41] aderidos ao campo astral do consulente. Não faz sentido, portanto, como apregoam alguns detratores da Umbanda, interpretar o uso do fumo como um vício das Entidades que se manifestam nos terreiros.

Algumas Entidades utilizam uma mistura de sálvia, alecrim, folha de café e outras ervas para determinados trabalhos de cura.

---

40 *Bebidas e cigarros na Umbanda!*
41 É um termo de origem grega que significa exalação impura. Podemos também considerar o miasma como energia que certas pessoas e ambientes costumam emanar.

O USO DAS BEBIDAS (CURIADORES)

Os curiadores são bebidas adequadas para determinados tipos de trabalho no terreiro de Umbanda.

Rodrigo Queiroz[42] comenta que o álcool como "Bebida de Poder" atrai forças e poderes das divindades, também utilizado para curas.

O álcool[43] é do elemento água, provindo de um vegetal, que se sustenta na terra, altamente volátil no ar e considerado o "fogo líquido", [44] de fácil combustão.

Tanto o tabaco quanto o álcool são utilizados para desagregar energias negativas, queimar larvas e miasmas astrais e no caso do álcool, para desinfetar e limpar no externo e no interno, já que pode ser ingerido. Logo, as Entidades de Umbanda não têm vício e nem apego a estes elementos, não bebem além de alguns poucos goles e nem tragam a fumaça que é apenas manipulada.

Vejamos alguns curiadores utilizados nos terreiros de Umbanda pelas Entidades manifestadas:

- **Caboclos**: Cerveja clara
- **Pretos-Velhos**: Café, vinho tinto e cachaça
- **Crianças**: Refrigerantes, mel e sucos de frutas
- **Baianos**: Batida de coco e água de coco
- **Boiadeiros**: Cerveja escura e batida de coco
- **Marinheiros**: Cachaça e rum
- **Exus**: Cachaça, gim e vinho tinto
- **Pombagiras**: Champanhe e vermute tinto

É comum a utilização de curiadores nas obrigações aos Orixás. Citamos a seguir algumas das bebidas utilizadas em tais situações:

---

42 *Bebidas e cigarros na Umbanda!*
43 Quimicamente conhecido como etanol ou álcool etílico.
44 Aqui também estão presentes os quatro elementos: água, fogo, terra e ar.

- **Yemanjá**: Champanhe branco
- **Ogum**: Cerveja clara
- **Xangô**: Cerveja escura
- **Inhaçã**: Champanhe branco
- **Oxum**: Champanhe branco
- **Oxóssi**: Cerveja clara
- **Ibeji**: Refrigerante e mel
- **Oxalá**: Água mineral
- **Nanã Buruquê**: Champanhe rosé
- **Obaluaiê**: Vinho branco doce e mel

O USO DAS GUIAS RITUALÍSTICAS

As guias são colares de contas de porcelana, cristal ou ainda contas naturais. Simbolizam os Orixás ou as Entidades nas suas cores. Após um processo de consagração, ficam em ligação fluídica com as Entidades espirituais ou os Orixás. Podem ser entregues às Entidades para cruzamento.[45]

Eventualmente são colocados nos congás por alguns dias para receber uma melhor imantação que aumenta o poder energético deles.

A guia é o elemento de ligação entre o médium e o espírito. Imanta-se um campo de força nela centralizado, criando uma eficiente proteção contra eventuais energias negativas.

A guia é usada praticamente em todo tipo de ritual, é um objeto sagrado. São específicas para cada Orixá ou Entidade. Desviam, neutralizam ou enfraquecem os fluidos menos apreciáveis.

Por tudo isso, o uso da guia reveste-se de grande importância para os umbandistas. Normalmente quando o filho de fé dá os seus primeiros passos dentro dos segredos da Umbanda, quando é batizado ou seja,

---

45 Energização.

cumpre a primeira obrigação,[46] recebe a primeira guia, que é também a mais importante.

O filho de fé nunca mais deverá separar-se dessa guia. Ela o acompanhará em todas as etapas de sua vida. Ela é constituída de contas brancas.

Quase todas as guias dentro da Umbanda relacionam-se com Oxalá, por isso é que encontramos sempre composições de cores que invariavelmente acrescentam o branco a cor original dos Orixás. Por esse motivo é comum o filho de fé não usar as demais guias nas obrigações, mas somente a guia consagrada a Oxalá.

Uma guia só tem efetivamente valor quando é recebida em consequência de uma obrigação, ou quando cruzada por uma Entidade incorporada. Quando é dada pelo guia, constitui-se em uma proteção especial com que a Entidade favorece o filho de fé. Sem isso, não passa de um adorno.

Quando as guias são recebidas em consequência de uma obrigação, trazem em si o axé correspondente ao ritual. As guias são feitas dos mais variados materiais. Muitas são feitas com as sementes do capim rosário. Essa mesma semente é utilizada para fazer terços. Algumas são confeccionadas com dentes de animais, coquinhos, figas etc.

A maioria das guias é confeccionada com cristal, porcelana ou plástico, sendo que este último não é indicado por não ser favorável a energização. Quando possível devem ser usadas guias de cristais naturais tais como o quartzo, ametista etc. Essas guias apresentam grande durabilidade e excelente capacidade de imantação.

O Pai ou Mãe Espiritual deve confeccionar a guia de cada filho de fé, pessoalmente, rezando ou cantando o ponto dos Orixás.

Se uma guia quebrar, procura-se recuperar o máximo possível de contas e depois montá-la e consagrá-la ou cruzá-la novamente.

Para cuidar bem das guias, devemos lavá-las de vez em quando em água pura de mina, cachoeira ou mar.

---

46 Oxalá.

O USO DOS PONTEIROS

Os antigos magos já usavam a espada como elemento importante em seus trabalhos de magia. A ponta do aço é usada para desagregar campos negativos de forças. Quando fincado, ele firma a magia, ou seja, firma o ponto.

Ponteiro é qualquer instrumento pontiagudo, de aço, punhal, espada ou pequena lança, utilizado em diversos rituais umbandistas. Em função do poder que tem o aço de captar as forças vivas da natureza, inclusive os fenômenos atmosféricos[47], o ponteiro representa a atração das forças espirituais, tal como um imã utilizado como força criadora de energia elétrica.

Sendo o ponteiro imantado, capta as forças necessárias para o fechamento de um ponto nos trabalhos mágisticos.

Quando ele penetra na matéria física,[48] aprofunda-se nos planos etéreo e astral, alterando constantemente a matéria, propiciando um campo eletromagnético que pode desestruturar larvas astrais. Funciona como se fosse um fio terra para algumas cargas ou então como captador de energias movimentadas em determinados locais.

O USO DA PEMBA – PÓ DE PEMBA

O valor magístico de um ponto riscado é muito grande na Umbanda. O instrumento utilizado para riscar os pontos é a pemba, confeccionada com calcário e modelada em formato ovoide-alongado. Costuma-se dizer que não pode existir um Terreiro de Umbanda sem o testemunho da pemba.

---

47   Um exemplo disso é o para-raios.
48   Geralmente a madeira.

PÓ DE PEMBA

O pó de pemba é utilizado para evitar incorporações indesejadas, limpar o ambiente, criar melhores condições de trabalho espiritual.

Para o seu preparo são necessários os seguintes ingredientes: pemba branca, mirra, incenso, benjoim, alfazema, anis estrelado e pichuri.

Preparação

Colocam-se os ingredientes dentro de um pilão bem limpo. O pichuri deve ser raspado à parte, pois é oleoso e, se não for feito assim, ele se transformará numa massa de difícil manuseio.

Soca-se tudo até transformar todo o material em um pó fino e branco. Há um modo característico para socar o pilão: levanta-se a mão do pilão até certa altura, dentro da boca e solta-se, com um pouco de força, fazendo com que a mão do pilão raspe o lado e atinja o fundo lateralmente.

Enquanto se está socando o material, a tendência é que este suba pelos lados. Deve-se empurrá-lo para baixo, utilizando uma colher de pau. Quando tudo estiver reduzido a pó, peneira-se para que fique o mais fino possível. Isso pode ser feito em peneira de seda bem fina.

Para que o pó de pemba fique bem elaborado, o ideal é que a pessoa que a prepara não a toque de forma alguma. Deve-se pegá-la com uma colher de pau para colocá-la na peneira e usar a mesma colher para acondicioná-la em um recipiente de madeira com tampa, ou em uma quartinha de louça. Se não houver nada disso, a pessoa deve utilizar uma cumbuca com tampa ou cobri-la com uma toalha.

É importante que, no decorrer do ritual de preparo do pó de pemba, os filhos de fé da casa acompanhem o Pai ou Mãe Espiritual, cantando pontos de Oxalá.

Depois de preparado, o pó de pemba deve permanecer diante do congá iluminado por uma vela branca.

O USO DA TOALHA RITUALISTICA

A toalha ritualística, também conhecida como toalha de pescoço, faz parte dos materiais ritualísticos do médium de Umbanda. Deve ser confeccionada com pano branco, geralmente absorvente. Um tecido muito utilizado na sua confecção é o algodãozinho. A toalha deve ter de 30 a 40 cm de largura. Seu comprimento varia de acordo com a altura do médium, devendo, quando colocada no pescoço, atingir a cintura, dos dois lados.

Destacamos a seguir algumas utilizações da toalha ritualística:

- Para envolver as guias.
- Para bater cabeça no congá.
- Para auxiliar no amparo ao médium, quando da incorporação. Assim, evita-se tocar diretamente o médium, principalmente quando é do sexo oposto.
- Para envolver a cabeça do médium após a sua consagração em uma obrigação.

É necessário tomar certos cuidados com a toalha ritualística e demais roupas de trabalho, separando-as das demais roupas na hora da lavagem.

MIRONGAS

PARA AFASTAR PESSOAS QUE ESTÃO INCOMODANDO

Material

Uma tábua de madeira; sugestão: 50 x 50 cm ou 70 x 70 cm

Uma pemba branca

14 velas brancas (palito)

Uma quartinha de barro com cachaça

Um charuto

Fósforos e suportes para velas

Procedimento

Riscar uma espiral no sentido horário (fora para dentro) conforme indicação da seta

No final da espiral seguir uma reta vertical para o seu inicio ou unir com um traço o ponto inicial da espiral com o ponto final (figura 11)

Escrever com a pemba, em toda a extensão da espiral, o nome da pessoa (exemplo: abcd) que incomoda

Fixar as velas nos pontos indicados na figura 11, sendo sete velas no lado direito e sete velas no lado esquerdo

Colocar a quartinha com cachaça no centro do ponto

Acender o charuto e colocar em cima da quartinha

Acender as velas e fazer o pedido para Exu

Descartar os restos das velas no lixo

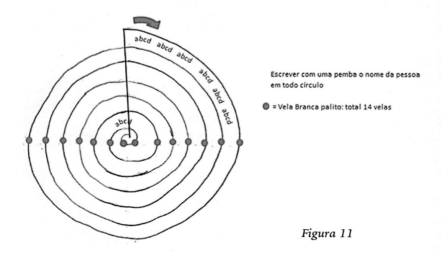

Figura 11

PARA UMA PESSOA "SUMIR" DA SUA VIDA

Material

Uma tábua de madeira; sugestão: 50 x 50 cm ou 70 x 70 cm
Uma pemba branca
14 velas brancas (palito)
Uma quartinha de barro com cachaça
Um charuto
Fósforos e suportes para velas

Procedimento

Riscar uma espiral no sentido horário (dentro para fora) conforme indicação da seta

Escrever com a pemba, em toda a extensão da espiral, o nome da pessoa (exemplo: abcd) que deverá "sumir" da sua vida

Fixar as velas nos pontos indicados na figura 12, sendo sete velas no lado direito e sete velas no lado esquerdo

Colocar a quartinha com cachaça no centro do ponto

Acender o charuto e colocar em cima da quartinha

Acender as velas e fazer o pedido para Exu

Descartar os restos das velas no lixo

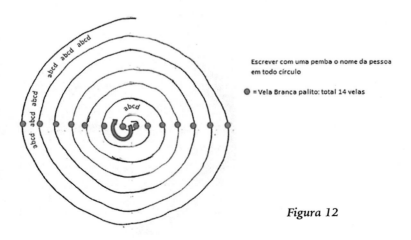

Figura 12

PARA AFASTAR MAUS FLUÍDOS

Pegue três dentes de alho, um pouco de sal grosso e coloque num saquinho branco.

Reze um Credo, uma Salve-Rainha e ofereça para o Arcanjo Miguel.

Peça para livrá-lo de todo mal.

Trocar tudo uma vez por semana.

PARA AFASTAR UMA PESSOA INDESEJADA DE SUA VIDA

No meio de um lenço branco virgem escrever, em letra de forma, o nome da pessoa.

Acender uma vela branca e segurá-la enquanto faz a seguinte oração (escrita em um papel):

Rogo à São Cipriano que (nome da pessoa)
Deixe-me em paz, parando de procurar-me a partir de agora
Rogo isto ao poder das Três Almas Pretas que vigiam São Cipriano
Entrego (nome da pessoa) nas mãos das Três Almas Pretas
Que vigiam São Cipriano
Para que (nome da pessoa) se esqueça de mim

Em seguida pingar uma gota de cera da vela em cada letra do nome da pessoa.

Apagar a vela e guardar.

Repetir mais cinco dias.

No último dia, dar um nó numa das pontas do lenço dizendo:

(nome da pessoa) você não vai mais me procurar, assim como dou um nó nesta parte, um nó será dado em sua cabeça para que me esqueça.

Repetir nas outras três pontas do lenço.

Fazer novamente a oração e colocar o papel, onde ela está escrita, no meio do lenço.

Acender a vela e queimar tudo dentro de um alguidar médio de barro, dizendo:

Tudo isto desaparece na chama desta vela. Assim você vai desaparecer da minha vida e eu da sua vida.

Deixar a vela queimar até o fim, agradecendo a São Cipriano e às Três Almas Pretas.

O alguidar, contendo o material queimando, e o resto da vela devem ser despachados em uma mata no dia seguinte.

PARA MINAR AS FORÇAS DE UM INIMIGO

Ir até o velório de uma igreja, levando treze velas brancas.

Quebrar cada vela em três pedaços de modo que cada pedaço não se solte do pavio.

Acender as velas e pedir para as Santas Almas quebrarem as forças do seu inimigo e que ele não possa mais lhe fazer mal.

Primeiro tenha certeza de que aquela pessoa é realmente seu inimigo.

PARA PROTEÇÃO DAS CRIANÇAS

Antes das 18 horas, colocar uma colher (de sopa) com açúcar em um copo com água e dissolver bem.

Escrever o nome da criança num pequeno pedaço de papel branco.

Em cima do papel acender uma vela branca (fixada em um pires).

Pedir proteção para o anjo da guarda da criança, dizendo:

Que ela esteja livre e guardada de todo mal, seja de ordem física, seja de ordem astral e que os seus inimigos não possam lhe fazer mal.

PARA DESOBSESSÃO

Este trabalho pode ser feito em casa, principalmente quando a pessoa atingida pelos obsessores não pode se deslocar até um terreiro ou centro espírita.

Em um copo virgem, colocar um pedaço de carvão, mel, arruda e água.

Colocar em baixo da cama da pessoa com obsessão, na direção da cabeça.

Deixar por sete dias e despachar em água corrente.

Repetir até conseguir a desobsessão.

Três vezes ao dia, fazer a seguinte oração:

Em nome de Jesus eu repreendo, quebro e desligo (nome da pessoa) de toda e qualquer maldição, feitiço, vexame, magia negra, azares, poderes psíquicos, feitiços de bruxarias que tenham sido colocados sobre (nome da pessoa), por qualquer pessoa ou por qualquer fonte de ocultismo ou fonte psíquica e ordeno a todos os espíritos relacionados a (nome da pessoa) que a (o) deixem agora. Obrigado Senhor por tê-la (o) libertado.

Rezar, em seguida, um Pai Nosso e uma Ave Maria.

PARA SEGURAR DINHEIRO

Material necessário
Duas folhas de papel sulfite branco

Um lápis ou caneta

Uma moeda de um real

Um saquinho de veludo vermelho

Procedimento
Coloque a sua mão esquerda, com os dedos bem abertos, em uma das folhas de papel.

Com o lápis, ou caneta, faça o contorno da mão. Recorte o desenho com uma tesoura.

Repita a operação para a mão direita.

Coloque a moeda em uma das mãos desenhadas e a outra mão desenhada em cima da moeda.

Coloque em um saquinho de veludo vermelho.

Mantenha sempre este patuá junto de você.

Lembre-se que este trabalho não surtirá efeito se você tiver o hábito de gastar mais do que ganha.

PARA ABRIR CAMINHOS

Material

3 cocadas pretas

1 cumbuca pequena de barro

1 quartinha pequena de barro

1 prato pequeno de barro

8 moedas de 1 real

1 vela branca, 1 vela preta e 1 vela vermelha

1 pedaço de pano vermelho cortado na forma de quadrado

mel

1 garrafa de cachaça

Procedimento

Levar o material em uma encruzilhada de terra.

Fazer a saudação e pedir permissão para o Exu dono daquela encruzilhada.

Em cima do pano colocar a cumbuca com mel no lado esquerdo. No meio, colocar as cocadas no prato. No lado direito colocar a quartinha com cachaça.

Em cima, fora do pano, acender as 3 velas formando um triangulo equilátero.

Passar as moedas no corpo e pedir para Exu abrir os seus caminhos.

Colocar as moedas no pano: 2 em cima, 2 em baixo, 2 no lado esquerdo e duas no lado direito.

Derramar o restante do mel e da cachaça em volta da oferenda.

Fazer a saudação e agradecer a Exu pelo trabalho.

PÓ DE SUMIÇO

Escrever em um papel branco:

Que o vento te leve
Como folhas secas
Que a terra enterre
Os atos e os passos teus
Pensados ou tramados
Contra mim e contra Deus
A Divindade que há em mim
Põe nesse drama um fim
Que seus passos te guiem para longe
Onde possas aprender a viver
Em amor e alegria
Que se cumpra em luz e graça
Assim seja, assim se faça.

Leia essa oração sete vezes e na chama de uma vela branca destinada as Santas Almas, queime-o, deixando acabar de queimar em um pires para poder pegar as cinzas e misturar num pote com sete punhados de sal refinado. Colocar dentro de um saquinho preto e usar:

Na foto da pessoa
Na cachaça com o nome da pessoa (na encruzilhada para os Exus)
No rastro da pessoa
No nome enrolado e jogado em água corrente
Nas costas da pessoa
Pôr na bebida, uma pitada
Pôr na comida, uma pitada

TRABALHO PARA AMANSAR A LÍNGUA DE FALADORES

Material

Uma cumbuca de louça branca
Sete chupetas azuis
Quatro velas brancas
Um prato de papelão prateado (de festa) grande
Balas de coco (de festa)
Uma folha de papel sulfite

Figura 13

Procedimento

Riscar uma estrela de seis pontas no papel sulfite.

Escrever o nome da pessoa que deve ter a língua amansada em um pequeno papel e colocar no centro da estrela.

Colocar balas de coco na cumbuca até a boca.

Colocar as chupetas, com a parte flexível em contato com as balas. Seis ao redor da cumbuca e uma no centro.

Colocar a cumbuca no centro da estrela.

Acender quatro velas brancas, uma em cada ponto cardeal (utilizar uma bússola para localizar os pontos cardeais) (Figura 13).

Pedir às Crianças espirituais para amansar a língua da pessoa (falar o nome) e que ela não mais fale da vida alheia.

Quando as velas terminarem de queimar, levar os resíduos e as balas a um jardim.

Oferecer um refrigerante e agradecer às Crianças pelo trabalho.

Guardar as chupetas para futuros trabalhos.

TRABALHO PARA CURA DE ERUPÇÕES CUTÂNEAS

Colocar num alguidar médio, pipocas estouradas no azeite de dendê (prencher o alguidar).

Colocar no meio das pipocas uma vela roxa.

Colocar a pessoa em frente da tronqueira e o alguidar em frente da pessoa.

Acender a vela e cantar um ponto para os Exus das Almas (Figura 14).

Pedir para secar todas as erupções.

Deixar a pessoa no local durante dez minutos.

No dia seguinte, despachar o alguidar com a pipoca numa mata.

Figura 14

O QUE FAZER COM DESPACHO EM SUA PORTA?

Muitas vezes, as pessoas perguntam sobre os "despachos" que aparecem em suas portas. São dadas, a seguir, algumas orientações sobre como proceder nesses casos.

Em hipótese alguma se deve tocar diretamente com as mãos no despacho. Isso evita a absorção direta das vibrações negativas.

Não jogar urina, nem sal grosso em cima do despacho, pois essa atitude irá fixar ainda mais o trabalho, já que o sal é um "elemento terra".

No caso de a pessoa em questão ser um médium preparado, peça licença ao seu guardião e pegue diretamente com as mãos protegidas.

Se a pessoa for leiga, deve chamar um médium preparado. Não sendo possível, deve envolver o material em um pano preto ou em um saco de lixo preto ou, ainda, em último caso, em jornais.

Não tocar diretamente com as mãos. Use dois pedaços de madeira ou envolva as mãos com pano preto.

Feito isso, leve tudo a uma encruzilhada, o mais rápido possível. Depois, lave o local onde estava o trabalho com bastante água e, se possível, com um pouco de amaci. Para finalizar, faça um banho de defesa.

Na primeira oportunidade, visitar o terreiro e conversar com uma entidade espiritual acerca do ocorrido.

ORAÇÕES

PRECE DE CÁRITAS

Deus, nosso Pai, que sois todo poder e bondade,
Dai força àquele que passa pela provação;
Dai a luz àquele que procura a verdade;
Ponde no coração do homem a compaixão e a caridade.
Deus! Dai ao viajor a estrela-guia;
Ao aflito, a consolação;
Ao doente, o repouso.
Pai! Dai ao culpado o arrependimento;
Ao espírito, a verdade;
À criança, o guia;
Ao órfão, o pai.
Senhor! Que Vossa bondade se estenda sobre tudo o que criastes.
Piedade, Senhor, para aqueles que não Vos conhecem;
Esperança para aqueles que sofrem.
Que Vossa bondade permita aos espíritos consoladores derramarem por toda a parte
A paz, a esperança e a fé.
Deus! Um raio, uma faísca de Vosso amor pode abrasar a terra;
Deixai-nos beber nas fontes dessa bondade fecunda e infinita,
E todas as lágrimas secarão, todas as dores acalmar-se-ão.
Um só coração, um só pensamento subirá até Vós,
Como um grito de reconhecimento e de amor.
Como Moisés sobre a montanha, nós Vos esperamos com os braços abertos.
Oh! Bondade, oh! Beleza, oh! Perfeição,
E queremos de alguma sorte alcançar a Vossa misericórdia.
Deus! Dai-nos a força de ajudar o progresso,
A fim de subirmos até Vós;
Dai-nos a caridade pura;
Dai-nos a fé e a razão;
Dai-nos a simplicidade que fará de nossas almas o espelho onde se refletirá
A Vossa divina imagem.

ORAÇÃO DE SÃO FRANCISCO DE ASSIS

Senhor, fazei de mim um instrumento de Vossa paz.
Onde houver ódio, permita que eu semeie o amor.
Perdão, onde houver injúria.
Fé, onde existir a dúvida.
Esperança, onde houver desespero.
Luz, onde houver escuridão.
Alegria, onde houver tristeza.
Oh! Divino Mestre, permita que eu não procure tanto ser consolado, quanto consolar. Ser compreendido, quanto compreender.
Ser amado, quanto amar.
Porque é dando que se recebe.
É perdoando que somos perdoados.
E é morrendo que nascemos para a VIDA ETERNA.

ORAÇÃO AO ANJO DA GUARDA

Antes de fazer a oração, acender uma vela branca de sete dias e colocar um copo com água na frente da vela.

Ofereço esta luz de sete dias e sete noites em louvor ao meu anjo da guarda,
Assim como o anjo Gabriel guiou a sagrada família.
Guiai-me, afastando todo o mal que esteja comigo: bruxaria, encantaria, feitiçaria, magia negra e más influências.
Que todo o mal seja levado para o mar sagrado,
Para que eu possa ter saúde, paz, fartura, prosperidade.
E que o meu caminho esteja sempre aberto e eu seja feliz.

ORAÇÃO ESTRELA DO CÉU
(PARA PEDIR MISERICÓRDIA DIVINA)

A piedosa estrela do Céu, Maria Santíssima,
Que em seus peitos nutriu o Senhor,

Extinguiu a mortal peste que havia plantado o primeiro pai do gênero humano,

Digne-se agora a mesma estrela impedir os influxos dos astros,

Que, por suas disposições malignas, costumam ferir o povo com pestíferas chagas. Atendei-nos, Senhor, porque o Vosso filho que Vos honra nada Vos nega.

E Vós, Senhor Jesus Cristo, salvai-nos,

Deferindo as súplicas da Vossa Mãe Virgem.

Rogai por nós, Santa Mãe de Deus Virgem.

Rogai por nós, Santa Mãe de Deus,

Para que sejamos dignos da promessa do Cristo.

Deus de misericórdia, Deus de piedade.

Deus de indulgência,

Que Vos compadecendo da aflição de vosso povo,

Dissestes ao anjo que o feria,

Suspende a Tua Mãe pelo amor daquela estrela gloriosa,

Vossa Mãe puríssima,

De cujo precioso peito recebestes o delicioso licor milagroso

Contra o veneno de nossos delitos,

Concedei-nos os auxílios da Vossa graça

Para que sejamos com certeza livres

E misericordiosamente preservados de toda a peste,

De todo perigo e condenação eterna por Vós Jesus Cristo,

Rei de glória que viveis e reinais por todos os séculos dos séculos. Amém.

ORAÇÃO COM ARRUDA CONTRA O QUEBRANTO E O MAU-OLHADO

Falar o nome da pessoa.

Deus te gerou.
Deus te criou.
Deus te livre de quem
Com maus olhos te olhou.

Falar o nome da pessoa

Com dois te botaram,
Com três eu te tiro.
Com os poderes de Deus
E da Virgem Maria.

Eu curo quebranto,
Olhado, olhos maus
E olhos excomungados
E feitiçaria.

ORAÇÃO COM AZEITE E ARRUDA CONTRA MAU-OLHADO E QUEBRANTO

Para verificar se a pessoa tem mau-olhado, procede-se da seguinte maneira:

Coloca-se água em um prato branco. Reza-se, toca-se o azeite com o dedo médio e deixa-se que caiam três gotas na água; se o azeite se misturar completamente na água, significa que a pessoa tem mau-olhado; se o azeite, porém, não se misturar, significa que a pessoa não tem mau-olhado. Se a pessoa tem mau-olhado, faz-se a seguinte oração, cruzando-a com três galhos de arruda:

Nome da pessoa,

Deus lhe fez,
Deus lhe formou,
E Deus desolhe
Quem mal lhe olhou...
Se for olhado
Ou quebranto
Ou pasmado,
Ele seja atirado
Nas ondas do mar,

Seja jogado,
Que fique tão salvo
Como na hora
Em que foi batizado,
Com os poderes de Deus
E da Virgem Maria.

Rezar três ave-marias e jogar os galhos de arruda bem longe da pessoa, de preferência em uma encruzilhada.

ORAÇÃO FORTE

(Rezar antes de dormir e ao levantar)

Com Deus eu me deito.
Com Deus me levanto.
Na graça de Oxalá,
Que me cobre com seu divino manto.
E se acobertado por Ele eu for
Não terei medo, nem pavor.
Seja lá de quem for
E assim, pela Força e pelo Poder
Do Mistério do Sangue na Cruz.
Onde padeceu Cristo Jesus.
No ato de sua paixão e coroação.
Meu corpo físico não será ferido,
Nem meu sangue derramado,
Nem meu corpo astral perseguido ou agredido,
Nem meu corpo mental confundido ou contundido.
Assim valei-me, em nome das Santas Almas do Cruzeiro Divino,

O Caboclo (nome do Caboclo) e o Pai (nome do Preto Velho)
Que me livram de todo o mal
E levantam para mim os véus que encobrem
A ira, a traição, a inveja e a demanda
E dão seu agô para que
Exu Sete Encruzilhadas, Exu Tranca Ruas e Dona Pombagira
Possam me valer em tudo o que eu faço e desfaço
E me livrem de todas as ações contundentes,
Que seja por chumbo ou por aço.

ORAÇÃO PODEROSA 1

(Deve ser trazida com a pessoa)

Nome da pessoa.
Deus, adiante e paz na guia,
Encomendou-lhe à Deus e à Virgem Maria.
Deu-lhe a companhia que deu a Virgem Maria
Quando foi de Belém para Jerusalém,
O corpo de Cristo lhe guarde
O sangue de Cristo lhe salve,
O leite da Virgem Maria lhe conforte,
São Bartolomeu e os santos apóstolos lhe acompanhem
E lhe livrem de todo o mal e do perigo,
Com as armas de meu Senhor Jesus Cristo ande armado,
Com a espada de São Pedro cingido,
Com o sangue do lado de meu Senhor Jesus Cristo banhado
Para que seu corpo não seja preso nem injuriado,
Nem seu sangue derramado.
Os bons lhe enxerguem e os maus não lhe vejam,
Nem ao pé de ti cheguem.

Deus lhe dê a companhia
Que deu a Virgem Maria
Quando foi de Belém para o Egito.
Deus lhe guarde tão bem guardado
Como foi Nosso Senhor guardado
No ventre de sua mãe Maria Santíssima.
E com a capa de Abraão ande coberto.
Amém.

ORAÇÃO PODEROSA 2

Pelas doze badaladas dos sete sinos cósmicos
Valei-me, Senhor Jesus
Pelo poder de Sua Santa Cruz, que é de luz no mundo
Ilumina a Terra e livrai-a da guerra.
Ilumina minha banda, que eu sou filho (a) de Umbanda.

ORAÇÃO DA CLARIVIDÊNCIA

Esta oração deve ser feita pelo pai ou mãe espiritual, antes de uma consulta mediúnica, jogo de búzios ou outro oráculo.

Pelas sete chaves que abrem as sete portas dos sete templos
Onde as santas almas se ajoelham em oração.
Valei-me, Pai (nome do Preto Velho),
desvelando-me os véus que velam e encobrem o destino.
Dê-me as sete chaves,
Que, ao abrir as sete portas, desvelam os sete véus
Que encobrem o passado, o presente e o futuro.
Assim, pelo poder da luz, da cruz do Senhor Jesus,
Pelo canto dos sete galos,

Permita-me, oh! Pai (nome do Preto Velho),
Penetrar na vida carnal e astral de (nome da pessoa),
Fazendo-me desvelar o bem e o mal
E tudo o que esteja encoberto,
Seja a ira, a doença, a demanda, a traição, a vingança, a inveja,
A falsidade e a deslealdade.
Saravá, pois, tua luz, tua falange
E a santa permissão do Senhor Jesus e dos sete Orixás.
Ago! Babalawô! Agô!

ORAÇÃO PARA ENTRAR EM QUALQUER LUGAR

Eu a salvo entrei;
Eu a salvo hei de sair,
Assim como meu Senhor Jesus Cristo foi salvo
Na pia de seu santo batismo.
Debaixo da arca de Noé, eu me fecho,
Com a chave de São Pedro, eu me tranco.
Jesus de Nazaré, ao meu credo me encomendo,
Jesus, Maria, José, minha alma Vossa é.
Amém.

ORAÇÃO À TRONQUEIRA

Exu...Riá,
Firma a ganga, Exu (nome)
E toda a força de demanda,
Neste dia, nesta hora, neste instante.
Peço meu agô ao Exu Guardião (nome),
Nas tuas forças divinas lá do Cruzeiro,
Feche neste instante o caminho das trevas,
Abrindo-me o caminho da luz.

Nas ordenações e forças da Santa Cruz,
Saravá as forças de demanda,
Saravá os exus da água, do fogo, da terra e do ar
E proteção para a minha banda.
Exu...Riá,
Firma minha banda nas forças de Umbanda.
Agô.

ORAÇÃO PARA FAZER AO LEVANTAR

Deus te salve luz do dia,
Luz de Santa Maria, iluminai meu espírito,
Meus guias, para que eu seja guiado em meu caminho,
Em meus negócios,
E por esta luz sagrada seja todo iluminado
E desviadas todas as trevas que em meu caminho estiveram.

Sarava, luz bendita da Virgem Maria!
Saravá, meus protetores!
Sarava, meus Caboclos de Umbanda!
Amém.

ORAÇÃO DOS SETE CABOCLOS E DAS SETE CABOCLAS

Creio em Deus todo poderoso.
Não há quem possa mais do que Deus.
Debaixo da obediência das três pessoas da Santíssima Trindade,
Eu peço licença para comunicar-me com os espíritos dos sete Caboclos
E das sete Caboclas, curadores e curadoras.
Oh, almas santas benditas dos Caboclos e das Caboclas,
Vós fostes como eu, e eu serei como vós.
Oh, almas, entrai pelo meu coração e dentro,

Guardai meu corpo e minha alma dos malefícios,
Olhos maus, azar e contrariedades que houver contra mim,
Em minha casa e nos meus negócios.
Oh, almas dos sete Caboclos e das sete Caboclas,
empatai tudo o que for de embaraço na minha casa
E nos meus negócios.
Oh! Almas dos sete Caboclos e das sete Caboclas,
Empatai todos os embaraços em minha vida e em meus negócios.

Rezar um pai-nosso e uma ave-maria.

ORAÇÃO AO DR. BEZERRA DE MENEZES

Nós Te rogamos, Pai de Infinita Bondade e Justiça,
As graças de Jesus Cristo,
Através de Bezerra de Menezes e suas legiões de companheiros.
Que eles nos assistam, Senhor, consolando os aflitos,
Curando aqueles que se tornem merecedores,
Confortando aqueles que tiverem suas provas e expiações a passar,
Esclarecendo aos que desejarem conhecer a Verdade
E assistindo a todos quantos apelam ao Teu infinito amor.
Jesus, divino portador da graça e da verdade,
Estende Tuas mãos dadivosas em socorro daqueles que Te reconhecem
O despenseiro fiel e prudente;
Faze-o, Divino Modelo, através de Tuas legiões consoladoras,
de Teus santos espíritos,
A fim de que a fé se eleve,
A esperança aumente,
A bondade se expanda
E o amor triunfe sobre todas as coisas.
Dr. Bezerra de Menezes, apóstolo do bem e da paz,
Amigo dos humildes e dos enfermos,
Movimenta Tuas falanges amigas em benefício daqueles que sofrem,
Sejam males físicos ou espirituais.

Santos espíritos, dignos obreiros do Senhor,
Derramai as graças e as curas sobre a humanidade sofredora,
A fim de que as criaturas se tornem amigas da paz e do conhecimento,
Da harmonia e do perdão,
Semeando pelo mundo os divinos exemplos de Jesus Cristo.

ORAÇÃO PARA CORTE DE DEMANDA

Pelo fogo que queimou,
Pelo mal que quebrou,
Valei-me as santas almas do Cruzeiro Divino
Que segurou
Pela chaga de Cristo que sangrou,
Pelo poder e pelo mistério do sangue na cruz,
Que do meu caminho este mal livrou
E esta demanda cortou.

ORAÇÃO COM OBI

Consiga um obí africano, parta-o, ponha um pedacinho na boca, mastigue e recite:

Obì! Kômakú!

Obì! Kômarun!

Obì! Kômasèjó!

Obì! Kômasòfó!

Âarín dede wa!

A oração deve ser feita em yorùbá. Apresenta-se, a seguir, a tradução para saber o que se está pedindo:

Obi! Nada de morte!

Obi! Nada de doenças!

Obi! Nada de brigas!

Obi! Nada de perdas!

Entre nós!

ORAÇÃO PARA ABRIR OS CAMINHOS

Deus saiu, eu saí.
Deus andou, eu andei.
Deus achou, eu achei.

Assim como à Nossa Senhora não faltou leite para seu bento filho,
Pois a mim não faltará o que eu quero arranjar.

Pelo sangue que Jesus derramou no calvário e pelas lágrimas que Vós
derramastes ao pé da cruz,
Não há de faltar o que sair a procurar.

Logo ao término desta oração, rezam-se um pai-nosso, uma ave-maria
e uma salve-rainha.

ORAÇÃO DE MARCOS BRAVO CONTRA FEITIÇOS

(Fulano), na luz de Ágido,
Manso como um rebanho de bois,
Um animal de sonoras patas,
Há de vir a mim e,
Entre remorsos,
Pedir-me desculpas pelo que me fez.
O Sol, como a cabeleira de ouro de Hages Ícora,
Brilhará para ele no dia em que vier a mim pedir desculpas.
Como o néctar e a ambrosia,
Deve ser a minha presença para (Fulano).
Se eu sou forte, (fulano) é fraco.
E eu o prendo e embaraço.

ORAÇÃO DE MARCOS MANSO
PARA APLACAR A FÚRIA DE NOSSOS INIMIGOS

Ó vento, tu que passas por nós,
Ora cantando doce e suavemente,

Ora suspirando e lamentando-se em uivos,
Leva para longe e aplaca a fúria de meus inimigos.
Tu, vento, que sobes pelas montanhas e desces com os vales,
Espargindo teu suave frio pelos caminhos,
Tu podes arrastar para longe as maldades,
As más palavras de meus inimigos.
E, em tua glória, em teu poder de limpeza,
Eu serei feliz.

ORAÇÃO PARA A SAÚDE DAS CRIANÇAS FRACAS

Senhor, que, com Vossa bondade,
Fazeis vir a chuva na terra
E o Sol para fazer crescer a relva e a vida,
E que um dia dissestes: "Deixai vir a mim as criancinhas",
Eu a Vós suplico:
Dignai-Vos dar-me a alegria de ver este (a) menino (a) curado (a),
Forte e robusto (a),
Que, pela pia batismal, recebeu o nome de (Fulano),
Pois ele (a) é fraco (a) e cheio de doenças.
Pela intercessão dos santos mártires,
Eu vos suplico que ele (a) seja curado (a).
Assim seja.
Amém.

AS SETE LÁGRIMAS DE PAI PRETO

Esta oração é precedida por uma pequena introdução explicativa de
W.W. da Matta e Silva:

*Nestas páginas, estão gravadas as impressões vividas e sentidas por
mim, diretamente, de um humilde e leal amigo do Astral – o Pai G. a
quem rendo a minha eterna gratidão, como seu veículo mediúnico desde
a infância...*

*Desse "Preto-Velho", colhi esse lamento e essa lição, sobre a natureza
das humanas criaturas que "giram" nos Terreiros ou Tendas de Umbanda.*

Isso foi há muitos anos... Quando a experiência ainda não tinha encanecido minha alma nesse mister...

Naturalmente, ele, ao proporcionar-me esse "passeio-astral" e ao falar assim numa demonstração direta, quis que eu visse a coisa como ela era e é... Pois eu tinha ilusões e bastante ingenuidade ainda.

Assim, quero dedicar essas suas lágrimas, a meus irmãos de Umbanda, aparelhos sinceros, para que, meditando nelas e vibrando a doce paz desses "Pretos-Velhos", possam haurir forças e compreensão e, sobretudo a indispensável experiência, para que sejam, realmente, baluartes das verdades que eles tanto ensinam... Quando, têm a oportunidade...

Foi uma noite estranha aquela noite queda;[49]; estranhas vibrações afins penetravam meu Ser Mental e o faziam ansiado por algo, que pouco a pouco se fazia definir...

Era um quê desconhecido, mas sentia-o, como se estivesse em comunhão com minha alma e externava a sensação de um silencioso pranto...

Quem do mundo Astral emocionava assim um pobre "eu"? Não o soube, até adormecer... E "sonhar"...

Vi meu "duplo" transportar-se, atraído por cânticos que falavam de Aruanda, Estrela Guia e Zamby; eram as vozes da SENHORA DA LUZ-VELADA, dessa UMBANDA DE TODOS NÓS que chamavam seus filhos de fé...

E fui visitando Cabanas e Tendas, onde multidões desfilavam... Mas, surpreso ficava, com aquela "visão" que em cada urna eu "via", invariavelmente, num canto, pitando, um triste Pai-Preto, chorava.

De seus "olhos" molhados, esquisitas lágrimas desciam-lhe pelas faces e não sei por que, contei-as... foram sete. Na incontida vontade de saber, aproximei-me e Interroguei-o: fala Pai-Preto, diz a teu filho, por que externas assim uma tão visível dor?

E Ele, suave, respondeu: estás vendo essa multidão que entra e sai? As lágrimas contadas, distribuídas estão dentro dela...

---

49   Noite silenciosa.

A primeira eu a dei a esses indiferentes que aqui vêm em busca de distração, na curiosidade de ver, bisbilhotar, para saírem ironizando daquilo que suas mentes ofuscadas não podem conceber.

Outra, a esses eternos duvidosos que acreditam, desacreditando, na expectativa de um "milagre" que os façam "alcançar" aquilo que seus próprios merecimentos negam.

E mais outra foi para esses que creem, porém, numa crença cega, escrava de seus interesses estreitos. São os que vivem eternamente tratando de "casos" nascentes uns após outro...

E outras mais que distribuí aos maus, aqueles que somente procuram a Umbanda em busca de vingança, desejam sempre prejudicar um seu semelhante - eles pensam que nós, os Guias, somos veículos de suas mazelas, paixões e temos obrigação de fazer o que pedem... pobres almas, que das brumas ainda não saíram.

Assim vai lembrando bem, a quinta lágrima foi diretamente aos frios e calculistas - não creem, nem descreem; sabem que existe uma força e procuram beneficiar-se dela de qualquer forma. Cuida-se deles, não conhecem a palavra gratidão, negarão amanhã até que conheceram uma casa da Umbanda... Chegam suaves, têm o riso e o elogio à flor dos lábios, são fáceis, muito fáceis; mas se olhares bem seus semblantes, verás escrito em letras claras: creio na tua Umbanda, nos teus Caboclos e no teu Zamby, mas somente se vencerem o "meu caso", ou me curarem "disso ou daquilo"...

A sexta lágrima eu a dei aos fúteis que andam de Tenda em Tenda e não acreditam em nada, buscam apenas aconchegos e conchavos; seus olhos revelam um interesse diferente, sei bem o que eles buscam.

E a sétima, filho, notaste como foi grande e como deslizou pesada? Foi a ÚLTIMA LÁGRIMA, aquela que "vive" nos "olhos" de todos os Orixás; fiz doação dessa, aos vaidosos, cheios de empáfia, para que lavem suas máscaras e todos possam vê-los como realmente são... Cegos, "guias de cegos", andam exibindo-se com a Banda, tal e qual mariposas em torno da luz; essa mesma LUZ que eles não conseguem VER, porque só visam a exteriorização de seus próprios "egos".

Olhai-os bem, vede como suas fisionomias são turvas e desconfiadas; observai-os quando falam "doutrinando"; suas vozes são ocas, dizem tudo de "cor e salteado", numa linguagem sem calor, cantando loas aos nossos Guias e Protetores, em conselhos e conceitos de caridade, essa mesma caridade que não fazem, aferrados ao conforto da matéria e à gula do vil metal. Eles não têm convicção.

Assim, filho meu, foi para esses todos que viste cair, uma a uma, AS SETE LÁGRIMAS DE PAI-PRETO! Então, com minha alma em pranto, tornei a perguntar: não tens mais nada a dizer, Pai-Preto? E, daquela "forma velha", vi um véu caindo e num clarão intenso que ofuscava tanto, ouvi mais uma vez...

Mando a luz da minha transfiguração para aqueles que esquecidos pensam que estão... ELES FORMAM A MAIOR DESSAS MULTIDÕES"...

São os humildes, os simples; estão na Umbanda pela Umbanda, na confiança pela razão... SÃO OS SEUS FILHOS DE FÉ.

São também os "aparelhos', trabalhadores, silenciosos, cujas ferramentas chamam-se DOM e FÉ e cujos "salários" de cada noite... são pagos quase sempre com uma só moeda, que traduz o seu valor numa única palavra - a INGRATIDÃO...

Mestre Yapacani

HINO DA UMBANDA

O Hino da Umbanda foi escrito pelo músico português José Manoel Alves e musicado por Dalmo da Trindade Reis, maestro tenente do Grande Conjunto da Polícia Militar do Rio de Janeiro.

No Segundo Congresso Nacional de Umbanda, em 1961, no Rio de Janeiro, a música foi oficialmente reconhecida como o Hino da Umbanda. Originalmente, tinha como título: "Refletiu a luz divina", sendo cantada nos terreiros como um ponto comum.

Refletiu a luz divina

Em todo o seu esplendor.

É do reino de Oxalá onde há paz e amor.

Luz que refletiu na terra.

Luz que refletiu no mar.

Luz que veio de Aruanda.

Para tudo iluminar.

Umbanda é paz e amor.

É um mundo cheio de luz.

É a força que nos dá vida.

E a grandeza que nos conduz.

Avante, filhos de fé

Como nossa lei não há,

Levando ao mundo inteiro

A bandeira de Oxalá.

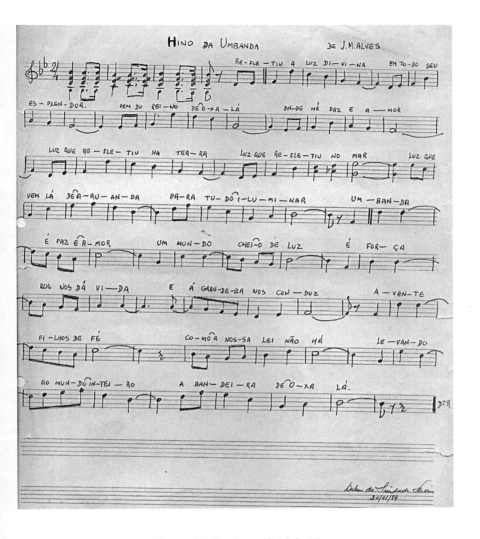

Figura 15: Partitura oficial do Hino da Umbanda, escrita pelo maestro Dalmo da Trindade Reis, em 1984.

DATAS COMEMORATIVAS DA UMBANDA

Publicado em 27 de janeiro de 1980, na Gazeta do Grande ABC, por Ronaldo Linares:

20/01: São Sebastião – Oxóssi.

23/04: São Jorge – Ogum.

13/05: Pretos Velhos.

24/06: São João Batista – patrono da falange do oriente.

26/07: Sant'Ana – Nanã Buruquê.

15/08: Nossa Senhora da Glória – Yemanjá.

27/09: São Cosme e São Damião – Ibejis.

30/09: São Jerônimo – Xangô.

02/11: Dia dos mortos – Obaluaiê – São Lázaro.

15/11: Dia da Umbanda.

04/12: Santa Bárbara – Inhaçã.

08/12: Imaculada Conceição – Oxum.

25/12: Natal de Oxalá.

JURAMENTO DO UMBANDISTA

Ronaldo Antonio Linares

Ao abraçar a fé UMBANDISTA.

Eu juro solenemente.

Perante "DEUS" e os ORIXÁS.

Aplicar meus dons de mediunidade somente para o bem da humanidade.

Reconhecer como irmãos de sangue os meus irmãos de crença.

Praticar com amor a caridade.

Respeitar as leis de "DEUS" e as dos homens,

Lutando sempre pela causa da JUSTIÇA e da VERDADE.

Não utilizar nem permitir que sejam utilizados os conhecimentos

Adquiridos em um terreiro,

Para prejudicar quem quer que seja.

A SEMANA SANTA E O DIA DE FINADOS

Quaresma é uma prática católica de resguardo dos quarenta dias que antecedem a Sexta-Feira Santa e a Páscoa.

A princípio, a Igreja mantinha-se de luto por quarenta dias, começando na Quarta-Feira de Cinzas. Os altares e as capelas menores eram cobertos com panos roxos. Toda a atividade artística alegre cessava e os terreiros que funcionavam escondidos, temendo represálias por serem descobertos, cessavam suas atividades.

Apesar disso e considerando que as atividades com os denominados guias de luz e com os Orixás estão paradas, valem-se disso os que trabalham nas sombras, os espíritos dos malignos, que se aproveitam de estarem desprevenidos os homens bons para promoverem o mau.

A tradição de fechar os templos de Umbanda, quando não havia liberdade de crença, não tem razão de ser no mundo atual. Muito pelo contrário, é nessa época que NÃO SE DEVE PARAR, é nessa época, em que a quimbanda maligna trabalha à vontade, que o templo deve estar preparado para que, com o auxílio das entidades de luz, denuncie qualquer trabalho negativo que tenha sido feito para atrapalhar seus filhos de fé ou frequentadores.

Atualmente, interromper os trabalhos do templo na Quaresma é descabido, é ingenuidade, é desconhecer que os inimigos trabalham nas trevas e que, se não há o Preto Velho, o Caboclo ou qualquer entidade que possa avisar quanto ao mau feito, estar-se-á desprotegido, descoberto, ou seja, nas mãos dos inimigos.

É preciso, URGENTEMENTE, esclarecer que a Quaresma não é africana, é hebraico-europeia e que já não é preciso se esconder de ninguém, pois a Constituição do Brasil assegura a todos o direito à liberdade de crença. Assim, os padres já não podem mais queimar pessoas nas fogueiras da inquisição.

Por isso, é preciso abrir os templos de Umbanda na Quaresma e cuidar com amor dos filhos de fé.

Ronaldo Antonio Linares

Se você for sensitivo, sentirá que existe, na Semana Santa, um estado de depressão no ar. Muitos pensam no sofrimento de Jesus, em seu martírio na cruz e, com isso, a atmosfera que nos envolve fica saturada de vibrações negativas, com um ar pesado e é possível sentir, mesmo sem querer, um estado de angústia. Nesse período, um grande número de espíritos sofredores tenta absorver a energia mental das pessoas e age sobre todos, porque a força do pensamento negativo lhes fornece condições de atuar mais acentuadamente.

Assim, fica claro que o baixo nível dos pensamentos propicia a atuação de obsessores, os quais alimentam-se dessa baixa frequência vibratória. O umbandista precisa entender que não é católico, por isso, deve pensar na luz de Jesus e não em seu sofrimento.

No dia de finados, 02 de novembro, reverencia-se a memória dos entes queridos já desencarnados. Muitos umbandistas mantêm a tradição de visitar o cemitério nesse dia. Não há nesse ato nada de prejudicial, porém deve-se considerar que o médium capta muitas vibrações, inclusive negativas, presentes nesse local. Recomenda-se a todos que forem visitar o cemitério (em qualquer época) que previamente preparem um banho de descarrego para tomarem quando do regresso ao lar.

GUIAS AMARRADOS E BRIGA DE ORIXÁS

Este é um tema que se reveste de verdadeira fantasia espiritual. Com alguma frequência, alguns pais e mães espirituais utilizam pressão psicológica para manter seus médiuns presos ao terreiro, por vários motivos, inclusive financeiros. Às vezes, por falta de capacidade pessoal ou espiritual, usam da autossugestão para influenciar seus médiuns. Também, por falta de orientação adequada, o filho de fé que frequenta determinado terreiro, por diversos motivos – tais como a distância de sua residência até a casa espiritual, problemas domésticos ou desavenças com outros médiuns –, pede seu afastamento. O pai ou mãe espiritual do terreiro e, às vezes, o "guia chefe" também avisam que, se o filho de fé se afastar do terreiro, terá muitos problemas e contratempos. Outras vezes, ameaçam o médium de "amarrar" seus guias e, dessa forma, fazer com que não tenha mais condições de trabalhar espiritualmente.

Mas, partindo do principio de que quem nos dá a condição de trabalhar espiritualmente, por meio da mediunidade, é o Astral superior, pressupõe-se, então, que o chefe do terreiro em questão é mais poderoso do que as entidades espirituais. Será que isso é possível?

O que geralmente ocorre é que o médium começa a frequentar um terreiro e encontra apoio nesse local, um caminho espiritual a seguir com tranquilidade e, com toda a certeza, fé no chefe espiritual e em suas entidades. Quando ouve essas palavras, condiciona-se emocionalmente e psicologicamente, fechando ao seu redor um círculo, cerceando as entidades e não lhes dando condições de incorporarem. Se, por acaso, ele diz que sente a aproximação de um Caboclo, Preto Velho etc., a resposta é que quem está ao seu lado são entidades negativas ou, então, que está precisando de algum tipo de trabalho de desobsessão.

Tudo isso é autossugestão, pois *ninguém amarra guia de ninguém*. Então, você pode perguntar: Por que, em trabalhos de desobsessão ou quando uma entidade rebelde se apresenta e tenta-se doutriná-la, geralmente, costuma-se dizer-lhe que ela irá *amarrada* para o plano espiritual, onde encontrará entidades que a encaminharão a regiões em que ela deverá ficar até ser doutrinada, ou, então, a hospitais espirituais, onde será tratada e, dessa forma, conseguirá a compreensão para seu estado espiritual? Note que essa entidade sentir-se-á realmente amarrada, porque só assim as entidades de luz poderão conduzi-la ao local mais adequado, o que, de outra forma, não seria possível, porém, observe, trata-se de uma entidade sem esclarecimento, rebelde, que está prejudicando alguém, além de ser ignorante e, como tal, condicionar-se a ser amarrada.

Agora, pense: como imaginar um Caboclo ou um Preto Velho amarrados? Uma entidade de luz presa, amarrada ao bel-prazer do chefe do terreiro e, à sua volta, alguns quiumbas zombando da situação. É incrível, não? Por isso pode-se perceber que, se a pessoa está em paz com sua consciência, se corresponde às orientações de seus guias, se pratica a religião com honestidade, se age naturalmente, sem abrigar em seu coração a inveja, o ciúme, o egoísmo e outros sentimentos menos nobres, seus guias jamais o abandonarão e muito menos serão amarrados por quem quer que seja.

Não aceite pressão psicológica de nenhum "chefete de terreiro". A Umbanda quer filhos de fé dedicados, porém livres para pensar e não escravos da fé.

Ademais, a *briga de Orixás* é outra confusão que gera graves distorções no corpo mediúnico de um terreiro de Umbanda.

Não é incomum que uma pessoa vá pela primeira vez a um terreiro e, seguindo a orientação de uma "entidade espiritual", já na gira seguinte, comece a participar dos trabalhos mediúnicos. Muitas vezes, a pessoa não é médium e, então, o "pai de santo" faz de tudo para colocar em sua cabeça uma "entidade" que, é claro, não existe.

Aparecem, então, as dificuldades para "incorporar" aquilo que ele não tem. Vem, como consequência, a desculpa de que os "Orixás" estão brigando pela preciosa cabeça do filho de fé. O "pai de santo" determina que sejam feitas obrigações com comidas e matanças, que vão agregar larvas astrais, provocando problemas de saúde e desestruturando a vida da pessoa.

Existe também a incongruente "disputa" entre os "Orixás" e dizem que "Xangô" não baixa no reino quando "Ogum" está e vice-versa. Na verdade, a briga é dos médiuns, que deixam seus egos aflorarem de forma desordenada e põem para fora os desafetos com outros membros da corrente mediúnica.

Por tudo isso, fica fácil entender que estas confusões são completamente alheias à verdadeira Umbanda. Nem todos são médiuns e tampouco se pode classificar qualquer terreiro como sendo de Umbanda.

APARELHOS UMBANDISTAS... ALERTA!

W. W. da Matta e Silva

Aparelhos umbandistas, que o forem de fato e em verdade dessa UM-BANDA DE TODOS NÓS, companheiros nessa silenciosa batalha de todas as noites, imperativo de uma missão, legado de nossos próprios karmas, FILHOS DE ORIXÁS, de fé, alma e coração, ALERTA!

ALERTA contra essa onda pululante de "mentores", que, jamais ouvindo as vozes dos verdadeiros guias e protetores, vivem moldando, diariamente, dentro de suas conveniências pessoais, uma "Umbanda à revelia", convictos de que podem arvorar-se em dirigentes do meio, não obstante serem sabedores da existência, em seu seio, de veículos reais, que sabem traduzir em verdade as expressões dessa mesma lei.

ALERTA contra essa proliferação de "babás" e "babalaôs", que, por esquinas e vielas, transformam a Umbanda em cigana corriqueira, enfeitada de colares de louça e vidro e, ao som de tambores e instrumentos bárbaros, vão predispondo mentes instintivas e excitações geradoras de certas sensações, que o fetichismo embala das selvas africanas aos salões da metrópole.

ALERTA contra essas ridículas histórias da carochinha, assimiladas e "digeridas" em inúmeros "terreiros" que se dizem de Umbanda, as quais se pode enfeixar em um simples exemplo, na crença comum (entre eles), de que Xangô "não se dá" com Ogum, porque este, em priscas eras, traiu aquele, raptando sua mulher e, por consequência, vê-se os que se dizem "cavalos" de Xangô não recebê-lo quando "Ogum está no reino" e vice-versa. Até nos setores que se consideram mais elevados, essa vã superstição ainda tem guarida.

ALERTA contra esse surto de idolatria fetichista, incentivada pelas incontáveis estátuas de bruxos e bruxas e particularmente de umas que asseveram serem dos exus tais e tais, de chifres e espetos em forma de tridentes, que pretendem assemelhar exu à mitológica figura do DIABO, mas são TODAS, fruto do tino comercial dos "sabidos", IDEALIZADAS NAS FÁBRICAS DO GÊNERO, já compondo ou "firmando" congás, cultuadas entre "comes e bebes", em perfeita analogia com os antigos adoradores do "bezerro de ouro", que tanto provocou as iras de Moisés.

ALERTA, irmãos sensatos, à fé pela razão. ALERTA contra essa infindável barafunda oriunda da apelidada "linha de santé", quando identificam, a esmo, santos e santas dentro da Umbanda, ao ponto de cada tenda criar uma "similitude" própria.

E não é só isso. Quem se dispuser a dar um "giro na Umbanda" que certos terreiros apresentam (não nessa minoria de tendas mais conhecidas, já constituídas em baluartes da religião) ficará simplesmente desolado. Terá oportunidade de ver indivíduos fantasiados com cocares de penas de espanador, tacapes, arcos e flechas externarem maneiras esquisitas, em nome do guia A ou B, consultando, dando passes e quantas atividades mais, Santo Deus, que não se pode dizer aqui.

Verificará, ainda, o animismo e a autossugestão suprirem uma mediunidade inexistente, quando certos gritinhos identificarem elementos do gênero feminino, que, em "transe", dizem personificar "oguns, xangôs etc.".

Continuando, verá outros caracterizados de "Kimbanda Kia Kusaka", tal a profusão de amuletos, colares e patuás que ostentam. Todos eles, se interrogados sobre a Umbanda, largam a mesma cantilena dos outros, arrematando sempre com a já famosa frase: "Umbanda tem milonga ou milonga de Umbanda quem diz é congá". E, na sequência desse arremate, tomam ares misteriosos, "insondáveis" e fecham com a "chave de mestre", dizendo: "Tem milonga, si *sinhô*... mas congá não diz..."

Aparelhos-chefes, presidentes de tendas, por que ficar indiferente diante desse "estado de coisas?" Por que silenciar, se essa atitude pode dar margem a que qualifiquem todos os umbandistas como de uma só "panelinha"?

Por que passar, dentro de cada um, um suposto atestado de incapacidade, quando se deixa de defender os legítimos princípios da lei de Umbanda, pela separação do "joio do trigo", dentro de um mal interpretado espírito de tolerância?

Sim, é necessário ser TOLERANTE com TODAS as formas de expressão religiosa: RESPEITAM-SE as concepções de cada um, em seus respectivos planos, mas daí a inserir dentro DELES, levado por uma tolerância prejudicial, o bom nome da Umbanda que se pratica é simplesmente tornar real esse "atestado de incapacidade", se não houver coragem e idealismo para separar "os alhos dos bugalhos".

REFERÊNCIAS BIBLIOGRÁFICAS E SITOGRÁFICAS

ADÉKÒYÀ, Olúmúyiwá Anthony. *Yorùbá: tradição oral e história*. São Paulo: Terceira Margem, 1999.

BANDEIRA, Cavalcanti. *O que é a Umbanda*. Rio de Janeiro: Eco, 1970.

BASTIDE, Roger. *As religiões africanas no Brasil*. 3 ed. São Paulo: Pioneira, 1989.

BIOBAKU, S. *Sources of yoruba history*. Oxford, 1973.

CARNEIRO, Edison. *Os candomblés da Bahia*. 2 ed. Rio de Janeiro: Andes, 1954.

CASCUDO, Luiz da Câmara. *Meleagro*. Rio de Janeiro: Agir, 1951.

FONTENELLE, Aluízio. *A Umbanda através dos séculos*. 4 ed. Rio de Janeiro: Espiritualista, 1971.

FREITAS, João. *Exu na Umbanda*. Rio de Janeiro: Espiritualista, 1970.

ITAOMAN, Mestre. *Pemba*: a grafia sagrada dos orixás. Brasília: Thesaurus, 1990.

LINARES, Ronaldo Antonio; TRINDADE, Diamantino Fernandes; COSTA, Wagner Veneziani. *Iniciação à Umbanda*. São Paulo: Madras, 2008.

_____. *Os orixás na Umbanda e no candomblé*. São Paulo: Madras, 2008.

MAGNO, Oliveira. *A Umbanda esotérica e iniciática*. Rio de Janeiro: Espiritualista, 1950.

MATTA E SILVA, W. W. *Umbanda de todos nós*. 3 ed. Rio de Janeiro: Freitas Bastos, 1970.

_____. *Umbanda do Brasil*. 3 ed. Rio de Janeiro: Freitas Bastos, 1980.

ORTIZ, Fernando. *Los negros brujos*. Havana: Editorial de Ciências Sociales, 1979.

PAI NENÊ D'OXUMARÉ; PAI PAULO DE OXALÁ. A família de orixás funfun. *Revista Orixás, Candomblé e Umbanda*, São Paulo, ano I, n. 2, 2004.

PIERRE Fatumbi e sua obra. Disponível em: <http://www.PierreVerger.org>. Acesso em: 30/03/2009.

QUEIRÓZ, Rodrigo. *Bebidas e cigarros na Umbanda!* Disponível em: <http://www.jornalexpress.com.br>. Acesso em: 30/03/2009.

RAMOS, João Severino. *Umbanda e seus cânticos.* Rio de Janeiro: Tenda Espírita São Jorge, 1953.

RIBEIRO, Lilia. *Entrevista com o Caboclo das Sete Encruzilhadas.* Rio de Janeiro: TULEF (Tenda de Umbanda Luz, Esperança, Fraternidade – RJ), 16 de novembro de 1972.

RODRIGUES, Nina. *Os africanos no Brasil.* Coleção Brasiliana. São Paulo: Companhia Editora Nacional, 1945.

SHAFYRA, Assipu. *Feitiços, macumbinhas e mirongas.* São Paulo: Ícone Editora, 2007.

SILVA, Vagner Gonçalves. *Candomblé e Umbanda.* São Paulo: Selo Negro, 2005.

SOUZA, André Ricardo. *Os baianos da Umbanda em São Paulo.* Disponível em: <http://www.espiritualidades.com.br>. Acesso em: 11/04/2009.

TRINDADE, Diamantino Fernandes. *História da Umbanda no Brasil.* Limeira: Conhecimento, 2014.

_____. *Manual do médium de Umbanda.* São Paulo: Suprema Cultura, 2009.

_____. *Você sabe o que é macumba? Você sabe o que é Exu?* São Paulo: Ícone Editora, 2013.

TRINDADE, Liana. *Exu:* poder e perigo. São Paulo: Ícone, 1985.

VERGER, Pierre Fatumbi. *Orixás:* deuses yorubas na África e no Novo Mundo. São Paulo: Corrupio, 1981.

SOBRE O AUTOR

DIAMANTINO FERNANDES TRINDADE

- Professor do Curso de Pós-Graduação em História e Cultura Afro--Brasileira do Centro Universitário Salesiano.
- Professor (aposentado) do Instituto Federal de Educação, Ciência e Tecnologia de São Paulo, onde lecionou as disciplinas: Química, Fundamentos da Educação, Psicologia da Educação, História da Ciência e Epistemologia do Ensino.
- Lecionou como professor emérito na Universidade Cidade de São Paulo e professor adjunto nas Faculdades Oswaldo Cruz, Universidade de Santo Amaro e Universidade de Guarulhos.
- Pesquisador CNPQ.
- Pesquisador do Grupo de Estudos e Pesquisa em Interdisciplinaridade (GEPI) da PUC-SP.
- Mestre em Educação pela Universidade Cidade de São Paulo.
- *Master Science in Education Science* pela City University Los Angeles.
- Doutor em Educação pela PUC-SP.
- Pós-Doutor em Educação pelo GEPI-PUC-SP.
- *Past Master* da Loja Maçônica Cavaleiros de São Jorge (Grande Oriente do Brasil).
- Membro da Escola Superior de Guerra.
- Médium do Templo de Umbanda Ogum Beira-Mar, dirigido por Edison Cardoso de Oliveira, entre 1981 e 1989.
- Vice-Presidente da Federação Umbandista do Grande ABC, entre 1985 e 1989, e membro do Conselho Consultivo do Superior Órgão de Umbanda do Estado de São Paulo, no mesmo período.
- Relator do fórum de debates: *A Umbanda e a Constituinte*, realizado na Assembleia Legislativa de São Paulo, em 1988.
- Colunista do Jornal *Notícias Populares*, em 1989, escrevendo aos domingos sobre a história e os ritos da Umbanda.
- Pesquisou a Umbanda e os cultos afro-brasileiros em diversos

terreiros, visitando várias vezes a Tenda Nossa Senhora da Piedade e a Cabana de Pai Antonio, onde conviveu com Zélia de Moraes e Zilmeia de Moraes.

- Dirigiu o Templo da Confraria da Estrela Dourada, do Caboclo Sete Lanças, entre 1993 e 1999.

- Atualmente, é sacerdote do Templo de Umbanda da Estrela Lilás – Cabana de Pai Benguela.

- Iniciado na Raiz de Guiné (*Hanamatan Ramayane*).

Iniciado e consagrado na Kimbanda, onde recebeu o nome de Tata Kimbanda Egúngún Inú Aféfe.

- Sacerdote de Orunmilá-Ifá, iniciado pelo Babáláwò Ifatoki Adekunle Aderonmu Ògúnjimi, do qual recebeu o nome iniciático Awo Ifasoya Ifadaisi Agbole Obemo.

- Autor de livros sobre **educação e ciências**: *A história da história da ciência*; *Temas especiais de educação e ciências*; *O ponto de mutação no ensino das ciências*; *Os caminhos da educação e da ciência no Brasil*; *Leituras especiais sobre ciências e educação*; *Química básica teórica*; *Química básica experimental*; *Médicos e heróis: os caminhos da Medicina brasileira desde a chegada da Família Real até as primeiras décadas da República*; *O olhar de Hórus: uma perspectiva interdisciplinar do ensino da história da ciência*; e *Personagens da ciência brasileira*.

- Autor de livros sobre **Umbanda**: *Umbanda e sua história*; *Umbanda brasileira: um século de história*; *Umbanda: um ensaio de ecletismo*; *Iniciação à Umbanda*; *Os orixás na Umbanda e no candomblé*; *Manual do médium de Umbanda*; *A construção histórica da literatura umbandista*; *Antônio Eliezer Leal de Souza: o primeiro escritor da Umbanda*; *Memórias da Umbanda do Brasil*; *Você sabe o que é macumba?*; *Você sabe o que é exu?*; *História da Umbanda do Brasil – 5 volumes*.

PUBLIQUE PELA SATTVA EDITORA

Deseja publicar um livro? Converse conosco e saiba como viabilizar o seu projeto.
contato@sattvaeditora.com.br
www.sattvaeditora.com.br